いますぐ使える

海釣り完全マニュアル

西野弘章 監修

大人が夢中になる遊び

にも楽しい！

釣りはとにかく「何か」が釣れると楽しくなる。海には様々な魚たちがおり、水面から魚を上げるまでは何が釣れているのかわからない。釣れはじめると、次はどんな魚が釣れるのかが楽しみになってくる。この楽しみを味わうのに難しいテクニックや特別な道具は必要ない。もちろん、ターゲットを決め、釣り方や道具にこだわる楽しみ方もあるが、それは気軽に釣りを楽しみたいビギナーにはちょっと難しい話になってしまうだろう。

　釣りは自然を相手にした「遊び」だ。難しい話は抜きにして楽しみたい。ただ、何も知らないことはビギナーにとっても不安だろう。道具を買いに行っても、釣り具屋には多くの道具があり、どれを買ってよいか悩んでしまう。実際に

釣りはこんな

釣りに行っても、同じポイントでも釣りやすい時間とそうでない時間とがある。また、エサの付け方にしても、状況によって方法を変えることで釣果は変わってくる。せっかくの楽しみを目の前にして挫折してしまうのはもったいない。本書では、このような最低限必要な知識とコツ、様々な釣りの楽しみ方を紹介している。同じ釣り場でも釣り方が変われば、楽しみの幅が増えてくる。

また、自分で釣った新鮮な魚を食べることも、釣りの醍醐味のひとつ。釣りやすい魚を中心に、レシピも紹介しているので、ぜひ試してみてほしい。

とにかく「釣れると楽しい」のが釣り。次の休日にもまた釣りに行きたくなるよう、本書が役に立てば幸いである。

魚が釣れれば、それだけで楽しい

魚釣りの第一歩は釣り場選びから

釣りは決して難しくない。
コツさえつかめば、誰でも簡単に楽しめるものなのだ。
「釣りをしてみたい」そう思ったら、
仰々しく構えずに、すぐに出かけよう。
港の並びにある堤防や、沖に連れて行ってくれる釣り船、
家族で楽しめる海釣り施設。
この3つの釣り場は、魚たちの宝庫である。

堤防

魚も釣り人も集まる人気の釣り場

魚へのアプローチが簡単な人気スポット

多くの釣り人に愛される釣り場、堤防。人気の秘訣は、魚へのアプローチが簡単なところ。潮流（潮の流れ）が堤防にぶつかることで、プランクトンや海藻の発生が促され、これに乗じた魚たちがエサを求めて集まってくるからだ。また、足場が比較的よいので、安全に楽しむことができるのも、理由のひとつかもしれない。

堤防釣りでは、魚が釣れるポイントを自分で探さなければならないので、ビギナーの期待を裏切ることがあるかもしれない。しかし、自分で決めたポイントで釣果を出せれば、最高の喜びに浸れることだろう。自分だけのポイントを探すのも楽しいものだ。

一度でも堤防の魅力にハマってしまえば、休日が近づくにつれて、「今度はどこの堤防に行こうかな」と、期待が膨らんでいく。

船釣り

あらゆる釣り人の心が踊る

船で沖に出れば 釣りのドキドキ感も倍増

船が出港して沖へ向かう。ポイントに着くまでは、心地よい潮風を肌に感じながら波の音に耳を傾ける。それも、船釣りの魅力のひとつだ。そして気が付くと、目の前に広がるのは青々とした大海原。広大な海面に浮かびながら仕掛けを投入し、魚が釣れるか否かの駆け引きを楽しみ、魚が釣れたときの感動を味わう。この瞬間こそ、船釣りにおける至福のひとときといえる。

何といっても初心者にとって船釣りのメリットは、自分で釣り場を決める必要がないところだ。自分が釣りたい魚が釣れる釣り船に乗船すれば、あとは船長がオススメのポイントまで案内してくれる。ビギナーでも安心して釣りが楽しめ、大物を釣ることもあるのだ。堤防とはまた違った魅力を楽しめる。

海釣り施設

誰でも安全に釣りが楽しめる

ビギナーや家族連れにピッタリな釣り場

海釣り施設とは、湾港などの岸壁や堤防に安全柵を設けて、釣り人に開放している釣り場のこと。釣り船の上や堤防よりも足場がよく、漁礁《ぎょしょう》（魚が集まる海中の障害物）が随所に沈められているので、様々な魚が集まってくる。

「船や堤防だと、子どもがまだ小さいので不安」という家族や、「とにかく魚を釣ってみたい」というビギナーにオススメの最高の釣り場なのだ。

海釣り施設のメリットは、駐車場やトイレが完備され、売店、休息ルームなど、様々な設備が充実しているところ。釣り道具も借りられる（有料、あるいは無料）ので安心だ。基本的には入園料が発生するが、手頃な値段で楽しめる。海釣り施設は全国各地に存在するので、出先のついでに立ち寄って楽しむのもいいかもしれない。

季節別魚ミニ図鑑

堤防編

季節の魚たち

堤防では１年中釣りを楽しめる。四季で変わるターゲットをチェックして、さらに釣りを楽しもう。

春

メバル

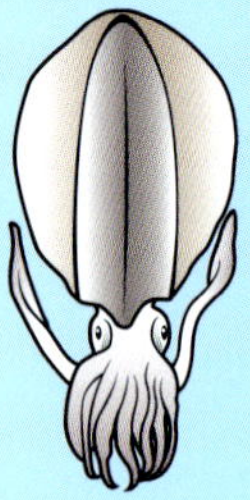

アオリイカ

カサゴ

クロダイ

イワシ

イシモチ

※シログチとニベの総称。

シロギス

夏

アジ

フッコ

※30cm以上で２年目までをフッコ、60cm以上で３年目以上をスズキと呼ぶ。

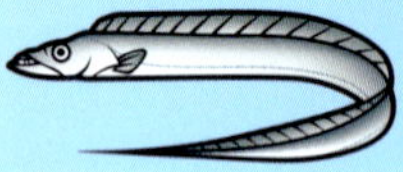

タチウオ

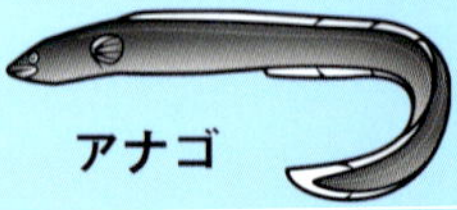

アナゴ

イワシ

サッパ

※瀬戸内海ではママカリ、伊勢湾ではカツと呼ばれる。

サバ

ハゼ

危険な魚たち

堤防で釣れる危険な魚を紹介する。もし、釣った場合は不用意に触れず、絶対に放置しないようにしよう。

ハオコゼ

背ビレに15本の毒針を持っている。

ゴンズイ

胸ビレと背ビレに毒針を持っている。

秋

カマス

ハゼ

カワハギ

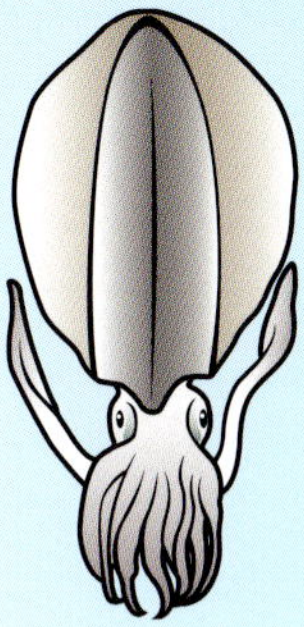

アオリイカ

アジ

カイズ

※東京地方で１年目をチンチン、２～３年目をカイズと呼ぶ。クロダイの若魚。

ワカシ

※ブリの幼魚。

冬

サヨリ

アイナメ

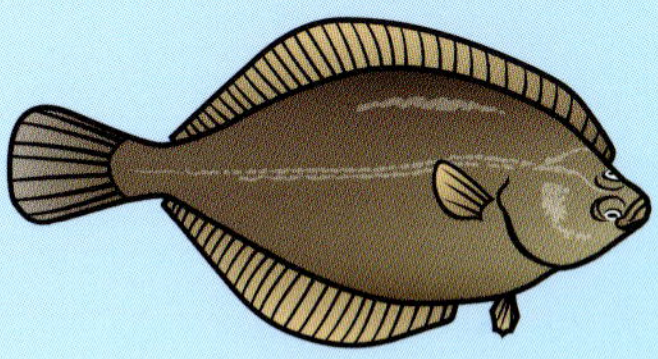

カレイ

メジナ

メバル

ウミタナゴ

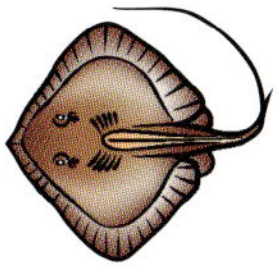

アカエイ

尾に毒針を持っているので、触れないように。

スズキ

エラブタのフチが非常に鋭い。触るときは注意が必要。

クサフグ

内臓や皮に毒を持つ。絶対に食べてはいけない。

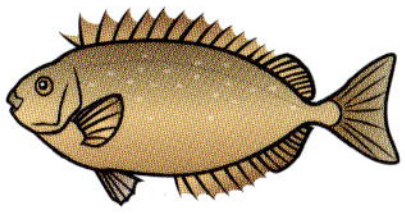

アイゴ

背ビレ、腹ビレ、尻ビレに毒針を持っている。

※もし、刺されてしまったら傷口を十分に洗い、医者に診てもらうこと。

釣りのルールとマナー

ゴミは必ず持ち帰る

エサ袋やライン、コマセなどのゴミが堤防では多く見られる。誰もが気持ちよく釣りを楽しむためにも、ゴミは必ず持ち帰ろう。

あいさつで気持ちよく釣りを楽しむ

すでに釣り場にいる人の隣に入るときは、ひと声かけるのが基本。他人が釣っている前に仕掛けを投げたり流すこともマナー違反。

魚の保護を考える

不必要な魚の釣り過ぎは考えもの。特に小さな魚が釣れたときは、海へ返してあげよう。

どんなときも安全確認

仕掛けを投げるときは周囲の安全確認を行おう。また、ライフジャケットは必ず着用し、子どもがいるときは決して目を離さないように。

釣り場はみんなのもの

我が物顔で何本も竿を並べ、釣り場を独占するのはやめよう。釣り場はみんなのものという意識が大切。

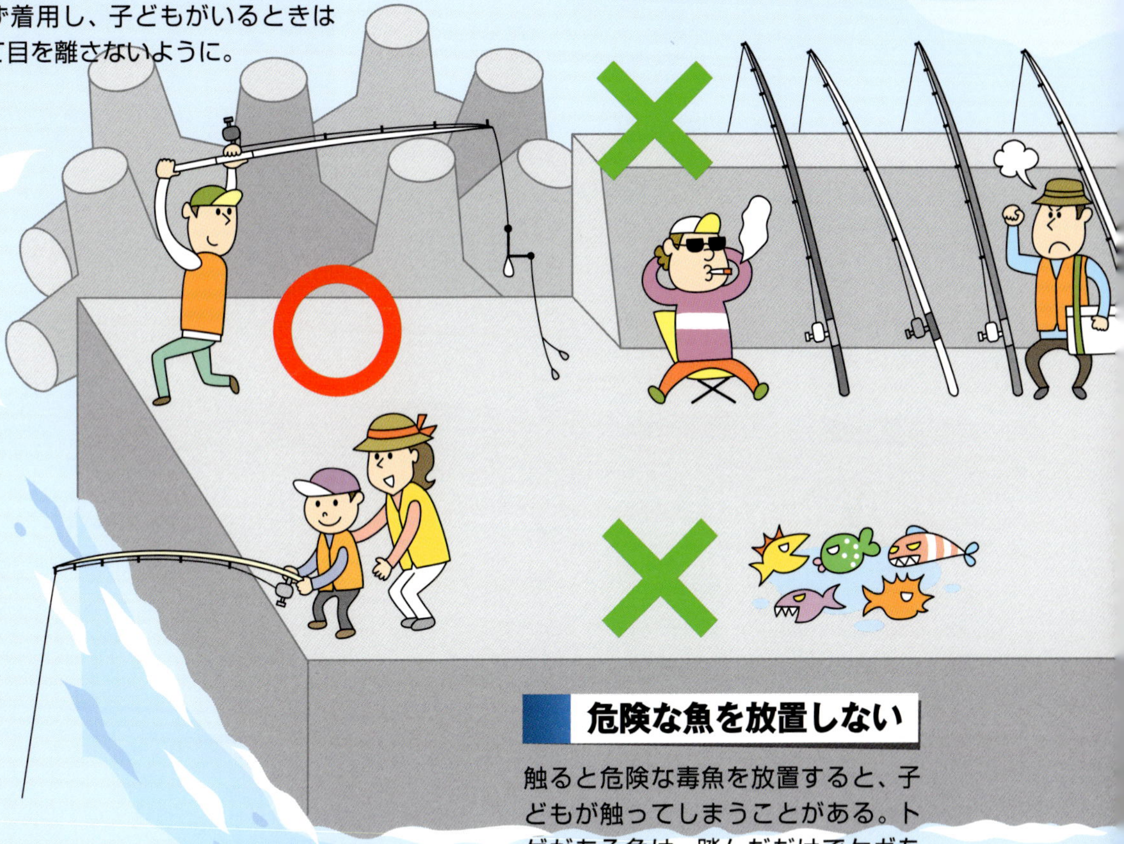

危険な魚を放置しない

触ると危険な毒魚を放置すると、子どもが触ってしまうことがある。トゲがある魚は、踏んだだけでケガをする可能性があるので注意が必要。

! 堤防の利用について

堤防は行政や漁協が管理している。釣りをするときは駐車場所に気を付け、漁網を踏むなどの迷惑行為はせず、立ち入り禁止区域には入らないこと。

いますぐ使える
海釣り完全マニュアル

CONTENTS

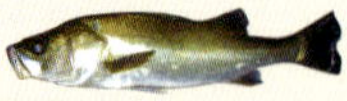
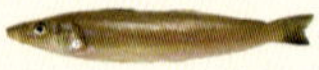
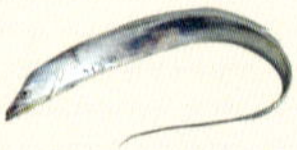
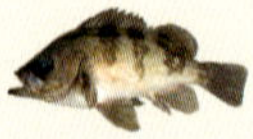
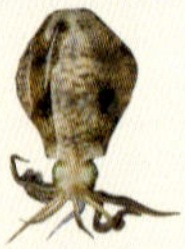

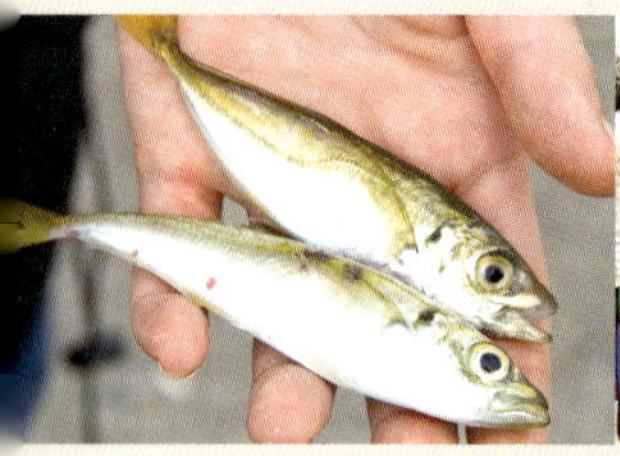
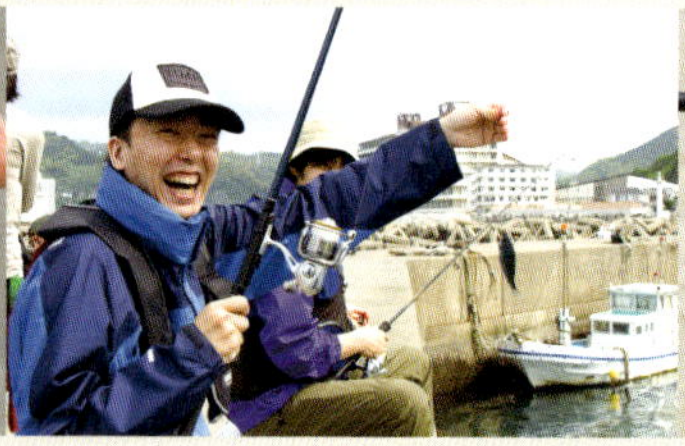
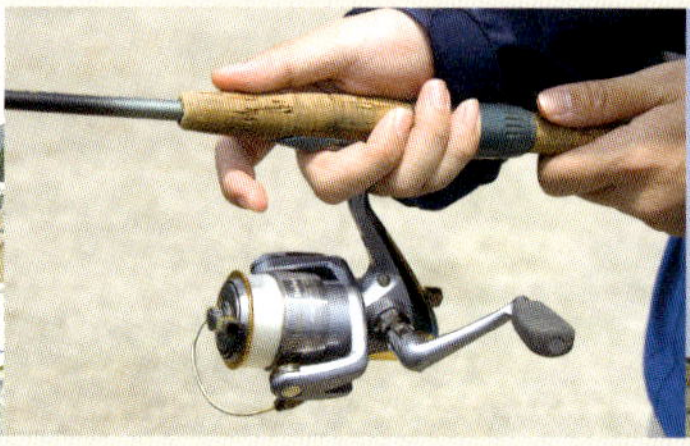
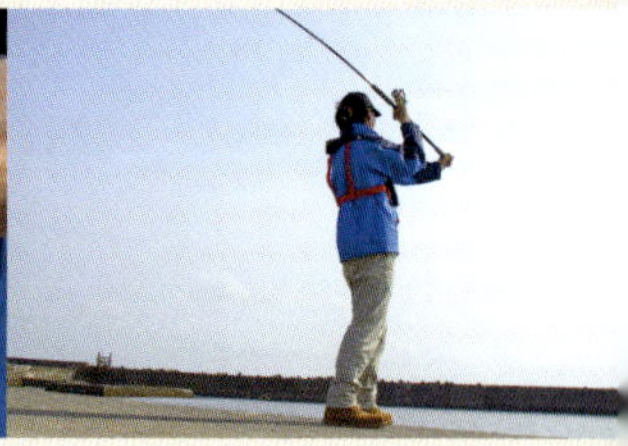

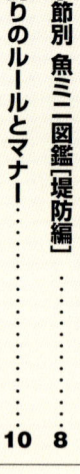

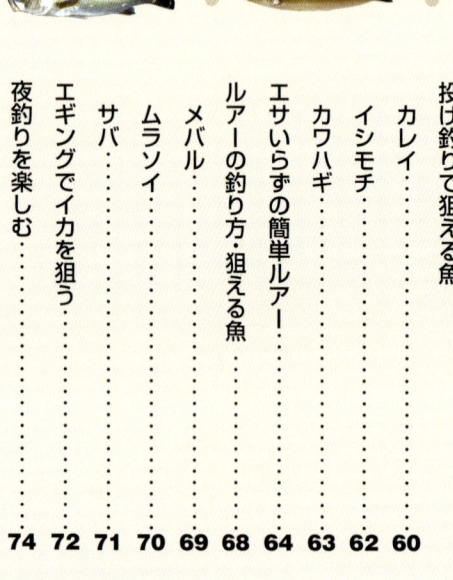

Part3 船釣りをしよう

Part4 釣った魚を料理しよう

Part 1

釣りに出かけよう

天気のよい休日は、釣り場へ行ってみよう。難しいことは考えなくてOK。道具も最低限のものさえあれば充分楽しむことができる。もしかしたら大物が釣れるかもしれない。それもまた釣りの魅力なのだ。

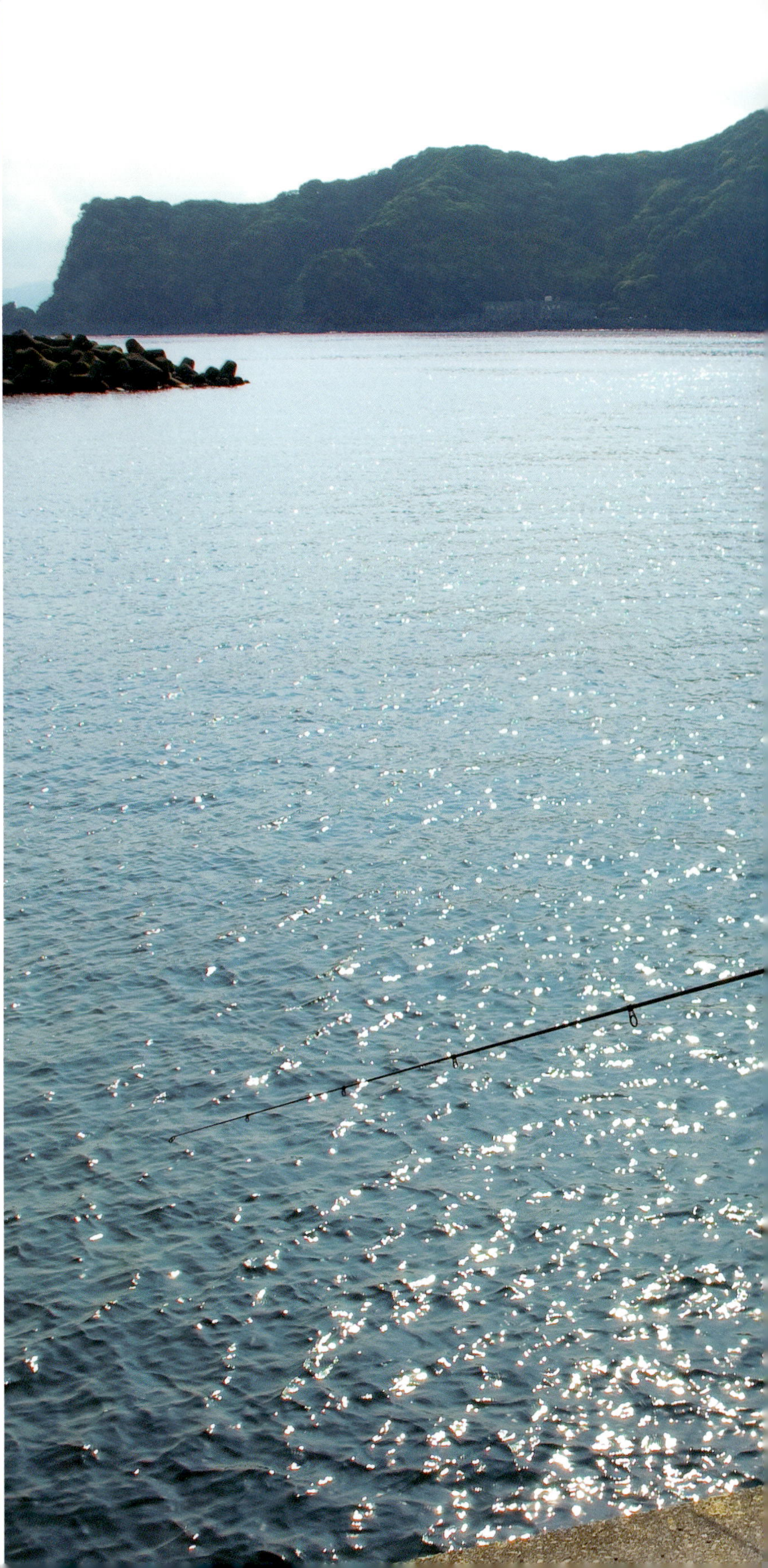

Part 1

堤防の穴場《ポイント》探し

魚たちが集まる堤防の
釣れるポイントを把握しよう

ビギナーにとって、堤防での魚が釣れるポイントを見極めるのは、至難の業。ここでポイントとなり得る場所を知っておこう。

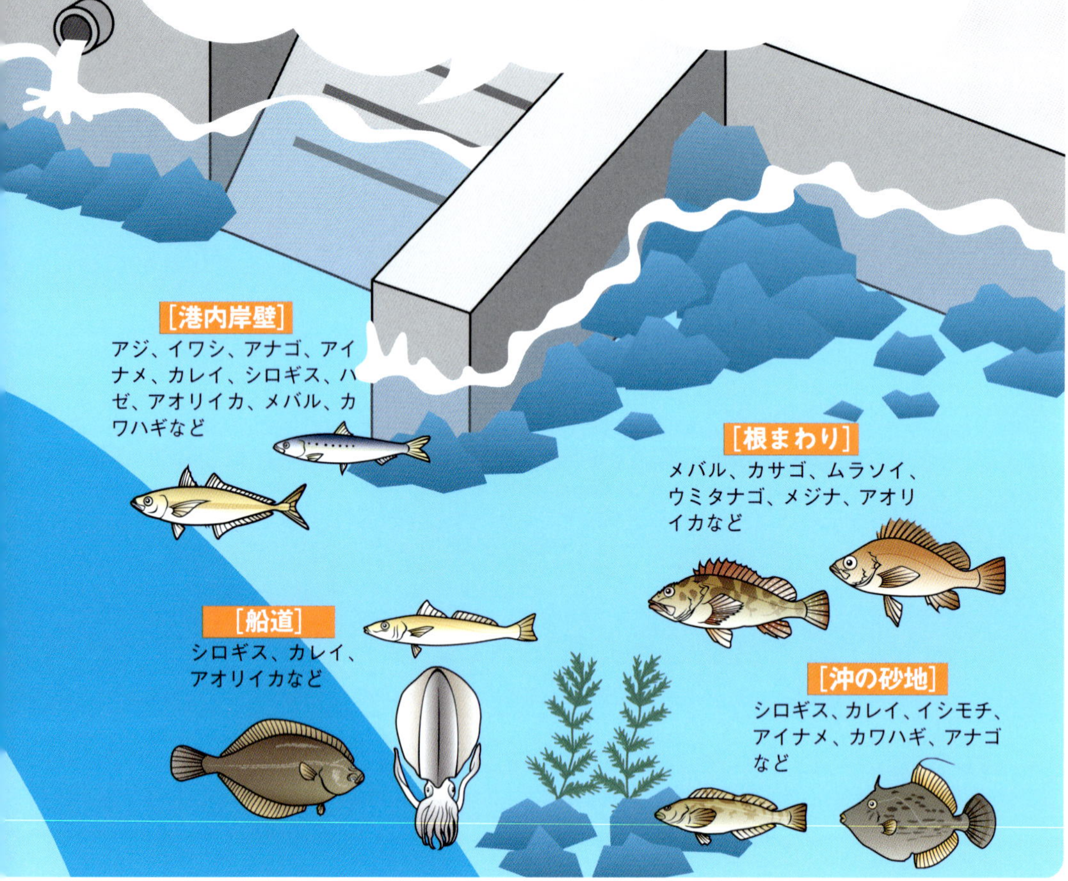

← 堤防での主な釣り方

チョイ投げ

38ページ

軽めのオモリと仕掛けを軽く投げ入れ、海底を探りながら釣る方法。

サビキ釣り

32ページ

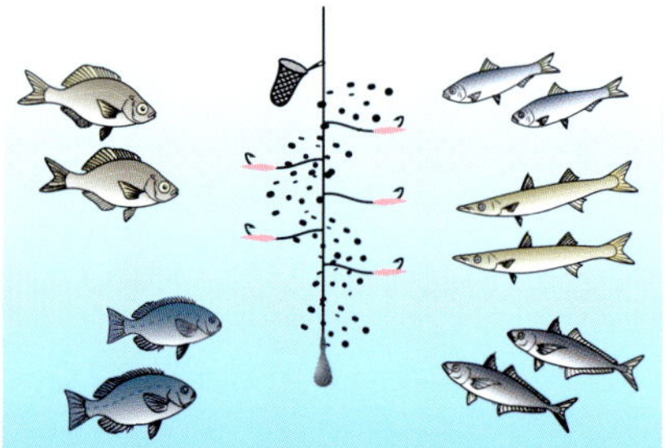

コマセで魚を引き寄せ、さらにエサに似せた擬餌バリで引き寄せて魚を釣る方法。

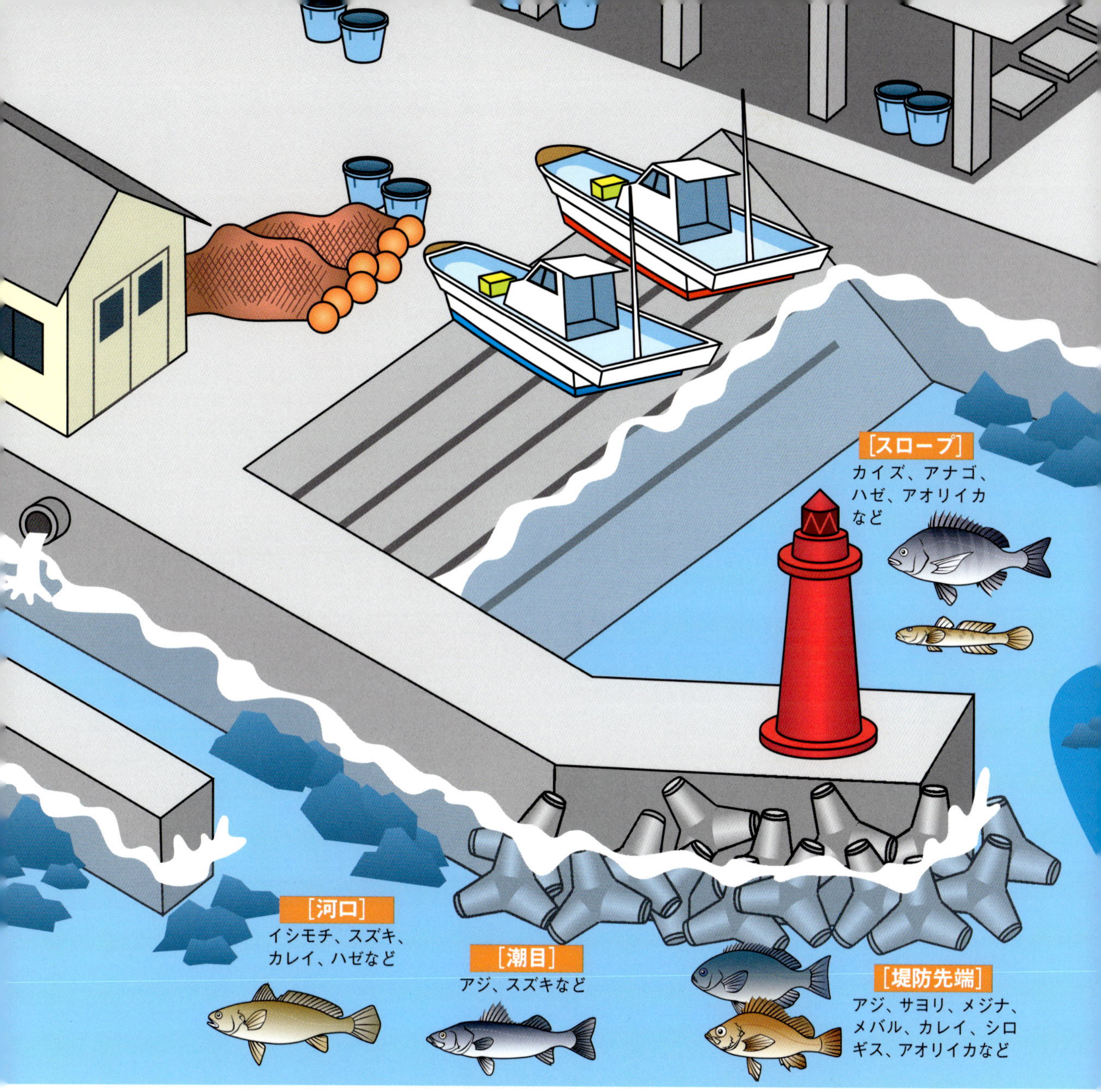

投げ釣り

56ページ

投げ釣り専用のタックル（釣りをするために必要な道具）で重めの仕掛けを投げ入れて釣る方法。

ウキ釣り

46ページ

アタリが見やすいウキを仕掛けに使い、海水で薄めて作った水コマセを撒きながら釣る方法。

釣りの服装と道具

季節に合った着こなしで上手に体温調整をする

服装選びのポイントは、ファッション性よりも機能性を重視すること。季節や天気でコンディションが左右されるので、上手に防寒対策、体温調整ができるものを身に付けておこう。

基本の服装と道具

服や道具は、とりあえず持っているものでＯＫ。ただし、季節を問わずライフジャケットの着用は必須。誤って海に転落したとしても、生存率が格段に違ってくる。

帽子

真夏の直射日光、紫外線から頭・顔を守るには、ツバ付きのキャップやハットが必須。雨降りの日なら、雨よけにもなる。

長袖Ｔシャツ

半袖Ｔシャツだと、強い日差しから肌を守れない。日焼け防止のためには七分袖も避けた方がよい。暑ければ腕まくりで体温調整を。

パンツ

動きやすいパンツであれば何でもOK。夏なら生地が薄く風通しのよいものがいいだろう。ハーフパンツ、デニムは避けた方がよい。

スニーカー

ソールの薄いものだと、落ちているハリを踏んで足の裏を傷めることもある。また、ソールは滑りにくいタイプを選ぼう。

春・夏

基本的には薄着でＯＫだが、半袖、ハーフパンツというスタイルは避けたい。キャスティング時に誤ってハリを腕や足に引っかけてしまうこともある。暑ければ、休憩中に腕や足をまくってリラックスを。

これもあると便利

- **着替えの衣服**
  （釣り時の着替え、帰りの着替えがあるとよい）
- **制汗剤**
  （汗や海水でベタベタした体を爽快にしてくれる）
- **熱冷却シート**
  （日焼けした部分に貼って、ほてった皮膚を冷やす）

帽子
春・夏と同様、ツバ付きのキャップやハットを着用する。風の冷たい冬の釣りなら、耳を隠せるニット帽でもよい。

ウインドブレーカー（上）
防寒対策は、風と雨を遮るウインドブレーカーが最適。インナーには長袖Tシャツや厚手のスウェットなどを選ぶとよい。

パンツ or ウインドブレーカー（下）
チノパンツのような動きやすいものをはくとよい。寒ければ、パンツの上からウインドブレーカーをはくのも◎。

スニーカー
フィッシング用スニーカーなら、ソールにフェルトスパイクを使用しているため、濡れた堤防上でもスリップする危険性は少ない。

秋・冬

天気が変わりやすく、日中と夜の気温差が激しい秋・冬は、防寒対策をしっかりしておこう。雨や風を防ぐウインドブレーカーは、着ても着なくても常に持ち歩くのが無難だろう。

これもあると便利

- **マフラー、ひざかけ**
  （座りながら釣るときの、首元や足腰の保温に）
- **スパッツ**
  （下着の上からはき、腰から下を保温する）
- **使い捨てカイロ**
  （服の上から貼れるタイプがオススメ）

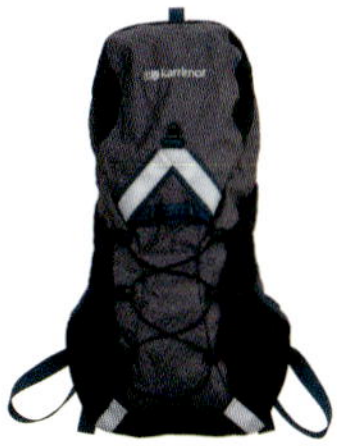

リュック
両手が空き、空いた手でその他の必要なものが持てるので何かと便利。

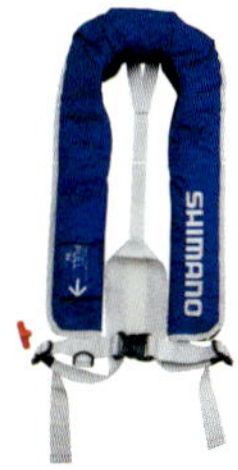

ライフジャケット
ひもを引っ張るタイプと、ウレタンタイプがある。釣りの最中は常に着用していること。

長靴
雨の翌日など、足元が滑りやすいときはスパイク付きの長靴がオススメ。

タオル
汗をふいたり、魚をつかんだりと、手が汚れたときに使う。多めにあるとよい。

偏光グラス
日差しが強いときや、海に反射してまぶしいときなどに持っておくと便利。

その他の道具

ライフジャケットや長靴、偏光グラスはぜひ買い揃えたいアイテム。その他にも、釣りと直接関係のある道具はもちろん、不測の事態にも備えられる救急セットも持っていると、何かと便利だ。

これもあると便利

日焼け止めやウェットティッシュ、ケガをしたときの消毒液や虫除けがあると便利。

リーズナブルでも存分に楽しめる

ビギナーは、釣り道具をつい張り切って購入しがち。一から揃えるとなると値が張るので、まずはビギナーらしく、身の丈に合ったものから揃えよう。総額30,000円くらいで充分釣りが楽しめる。

これだけは最低限揃えよう

これらが釣り人に不可欠な、基本の釣り道具たち。ここで紹介する道具の部位名は、最低限の知識として覚えておこう。

ノベ竿

軽量で扱いやすいのが特長。長さ4.2～5.3mの渓流竿が使いやすい。

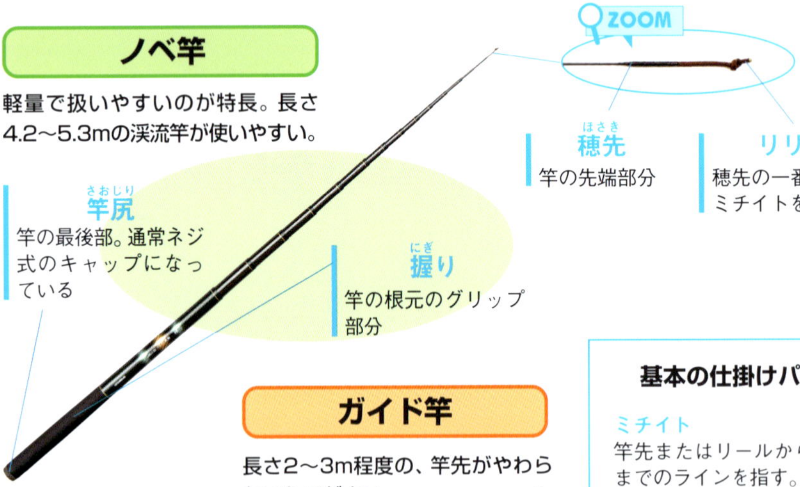
リリアン
穂先の一番先端にあるミチイトを結ぶ部分

ガイド竿

長さ2～3m程度の、竿先がやわらかいものがよい。

※竿には、伸ばして使う「振り出し竿」、つなぎ合わせて使う「継ぎ竿」の２タイプがある。

基本の仕掛けパーツ

ミチイト
竿先またはリールからハリスまでのラインを指す。

ウキ
仕掛けを水面に浮かせるパーツ。

オモリ
ウキの浮力を調整したり、仕掛けを飛ばすためのパーツ。

サルカン
ミチイトの末端に装着し、ハリスなどを接続するパーツ。

ハリス
ハリを結んでいるラインのこと。

ハリ
エサを付け、魚をハリ掛かりさせるパーツ。

リール

ラインを自由自在に出し入れするもの。ビギナーはスピニングリールがオススメ。

クラッチ
リールを逆回転させるためのノブ
リールフット
竿のリールシートにセットする部分
ベイル
ラインをローラーへ導くパーツ
ローター
ここが回転することで、ラインがスプールに巻き込まれる
スプール
ラインを巻き込む部分
ドラグノブ
スプールの滑り具合を調節するためのつまみ
ハンドル
ローターと連動しており、手でまわすとラインがスプールに巻き込まれる
ラインローラー
ラインをスプールへ巻き込むためのガイドの役目を果たす

その他の道具

釣果をサポートしてくれる道具。どれも必要なものばかりなので揃えよう。

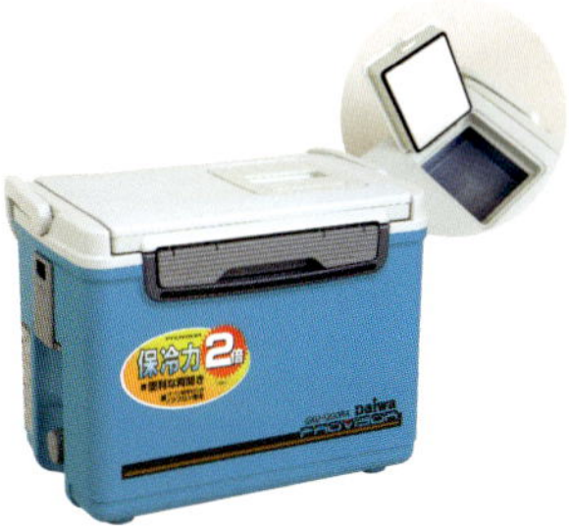

クーラーボックス
魚や飲み物を冷やすのに使う。サイズは12ℓほどで、魚を入れる上蓋が付いているものがオススメ。

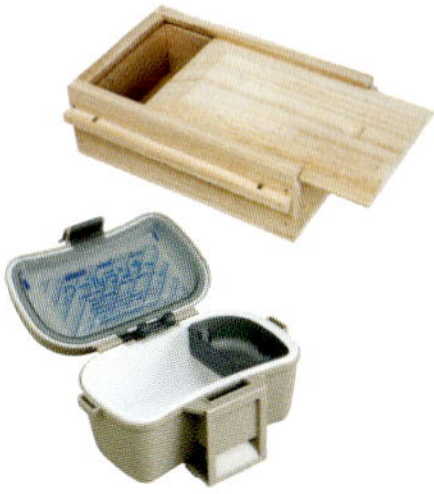

エサ箱
エサは、持ちをよくするためにも木製タイプか、2重構造のクーラーボックスタイプに入れ替えよう。

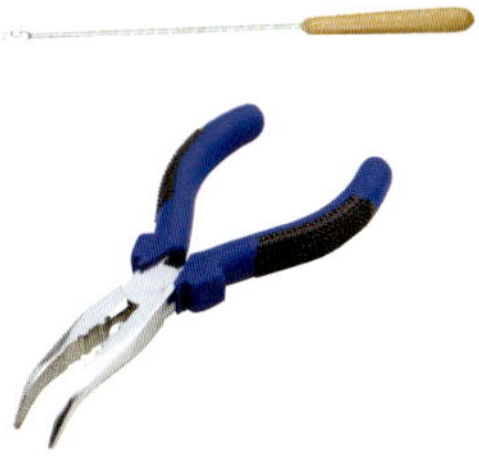

ハリ外し（上）プライヤー（下）
魚がハリを飲み込んで、ハリが外せないときに使う（P29参照）。

ラインカッター（上）ハサミ（下）
ラインを切ったり、仕掛けの開封に使う。切れ味が鋭いものを選ぼう。

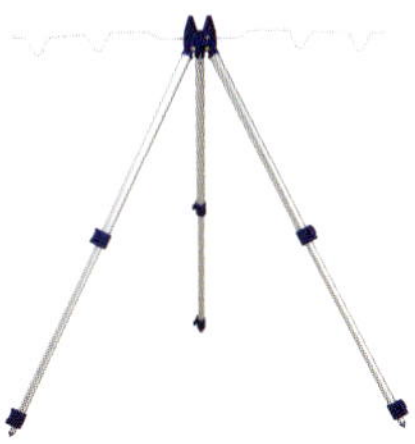

竿立て
釣り竿を立て掛けるために使う。三脚の高さは自由に変えられるので、使いやすい高さに調整を。

水くみバケツ
手洗いや、飛び散ったコマセを洗うときに使う。堤防からロープをたらし、海水をくみ上げる。

コマセバケツ
コマセを入れるためのバケツ。高さが25㎝くらいの、小型のものが使いやすくてオススメ。

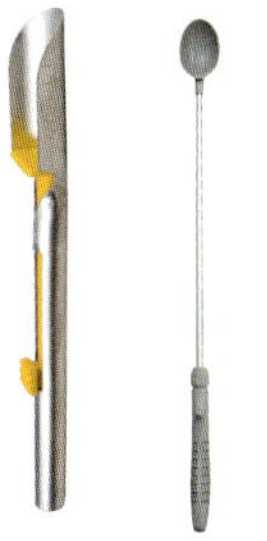

ひしゃく（右）コマセスプーン（左）
そのままコマセを詰めたり、水コマセをまくときに使う（P33、49参照）。

新鮮なエサとしっかりした ハリ掛けで魚を確実に釣る

釣りエサのチョイスとハリ掛けによって、釣果は変わってくる。虫エサが苦手な人にうってつけな、保存エサや人工エサもあるので、ハリ掛けの方法さえ覚えれば、存分に釣りが楽しめる。

釣りエサはコレがオススメ

釣りエサの代名詞は虫エサと呼ばれるミミズに似たイソメ類。虫エサが苦手な人には、エビに似たオキアミ類、人工的に作られた人工ワームがオススメだ。

ジャリメ

アオイソメよりもやわらかく、体の線が細いのが特徴。スナゴカイとも呼ばれる。アオイソメ同様、リーズナブル。

イワイソメ

アオイソメよりもボリュームがあり、魚たちの食いもいい。関西ではマムシと呼ばれる。アオイソメに比べて、少々高価。

アオイソメ

万能に使えるエサ。クネクネとよく動き、魚たちを虜にする魅惑的な臭いを放つ。1パック500円程度とリーズナブル。

虫エサが苦手な人はコレがオススメ

人工ワーム

人工的に作られたエサで、真空パックに入っている。魚たちの反応もイソメ類と遜色ない。生虫が苦手な人にはうってつけ。

アミエビ

オキアミよりも少し小ぶり。種類は違うが、オキアミと同じように使う。大粒アミ、くわせアミエビの名前で売られている。

オキアミ

海水魚のほとんどが釣れ、やわらかく魚の食いがいい。加工品、ボイルタイプ、生タイプのものがある。保存エサの代表格。

エサのハリ掛けをマスターする

ビギナーや虫エサが苦手な人に多いのが、エサ付けを簡単に済ませてしまうところ。ハリ掛けは釣りの最も基本的な技術なので、ここでマスターしておこう。

イソメ類

【チョン掛け】

利き手の指でイソメを、反対の指でハリをつまみ、イソメの頭の横からハリ先を刺し込む。

ハリを持つ手を固定し、頭の部分だけハリ掛けする。ハリが頭の中心を通っていればOK。

【通し刺し】

利き手の指でイソメを、反対の指でハリをつまみ、イソメの頭の横からハリ先を刺し込む。

ハリを持つ手を固定し、イソメをミチイトに向かって動かす。

【縫い刺し】

イソメの腹にハリを刺し、背中からハリを出す。イソメをハリで縫っていくイメージで。

写真のように、イソメがダンゴ状になるまで縫い刺ししていく。

オキアミ類

【腹掛け】

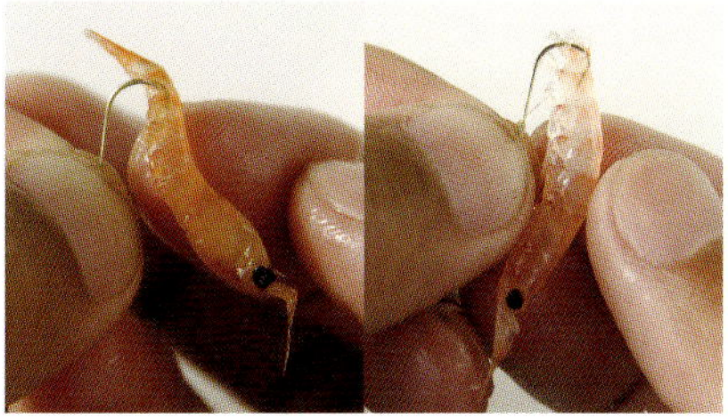

尾からハリを刺す。尾の先端は取らなくてもよい（右はオキアミ、左はアミエビ）。

刺したハリを腹側に抜く。ハリのカーブとオキアミの背中の丸みが同じになればOK。

竿の使い方を覚える

正しいセッティング方法で
トラブルを避ける

釣りをする前に、まずは竿のセッティング方法を覚えよう。順番を間違うと、穂先を破損する原因にもなる。はじめて釣りをするときは、一度家で練習しておくとトラブルを防ぐことができる。

ガイド竿のセッティング

1 竿にリールをセット
磯竿や投げ竿は、竿を伸ばす前にリールをセットする。

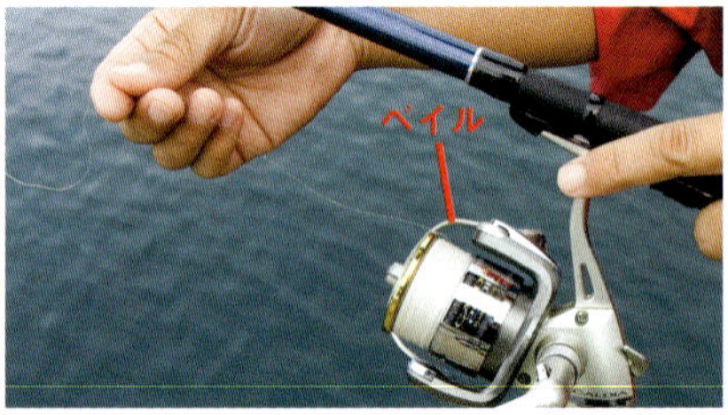

2 ラインを引き出す
リールのベイルを起こしてラインを引き出す。

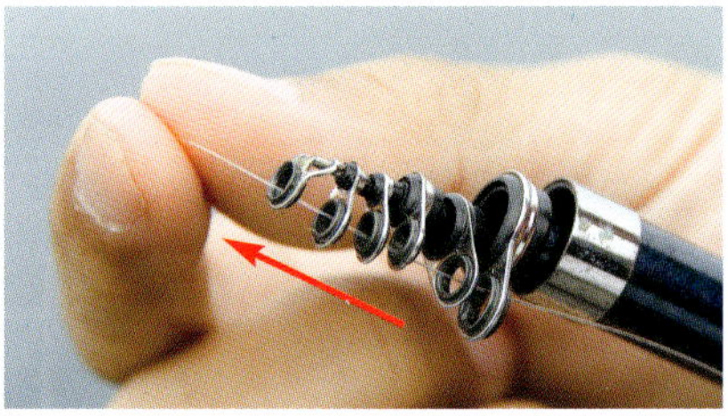

3 ガイドにラインを通す
2で引き出したラインを下から順にガイドに通す。

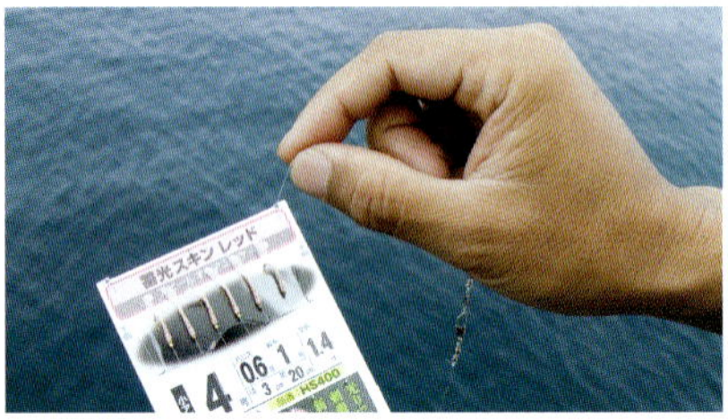

4 仕掛けをセット
竿を伸ばす前に、ラインの先端に仕掛けをセットする。

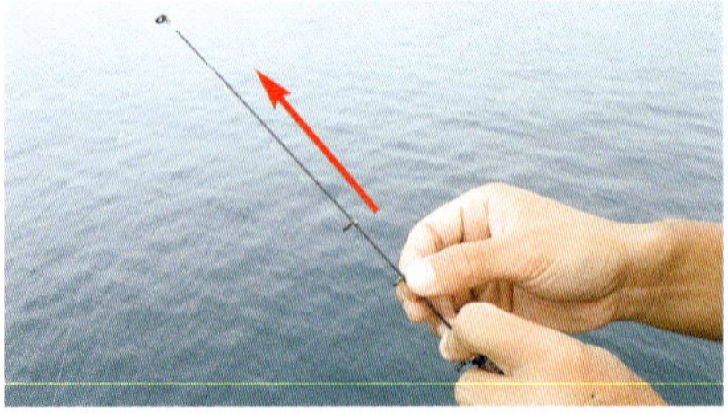

5 竿を伸ばす
ガイドの向きを揃えて、竿を伸ばす。このとき、必ず先端から伸ばすこと。

POINT

ガイドを揃える

ガイドの向きがバラバラだと、竿先に負荷がかかってしまう。

ノベ竿のセッティング

リールを使用しないノベ竿は、ガイド竿とセッティング方法が異なる。また、竿先がやわらかいので「先端から伸ばし、手元からおさめる」ことを徹底しよう。

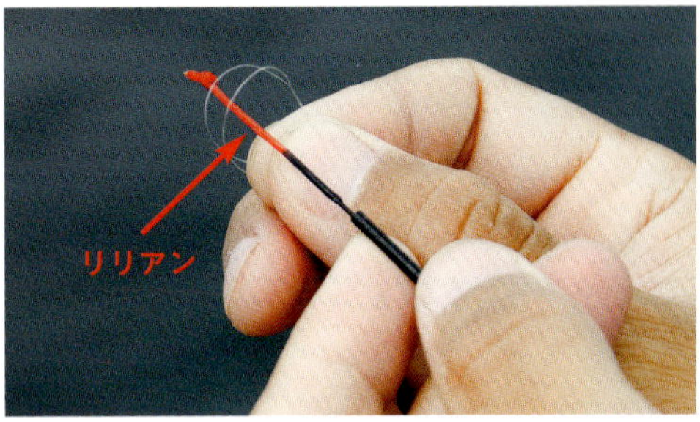

1 ミチイトを結ぶ

ノベ竿の竿先には「リリアン」と呼ばれるヒモがある。ここにミチイトをチチワ結び（P30参照）で結ぶ。

2 竿を伸ばす

ラインの先端に仕掛けをセットしたら、必ず竿先から竿を伸ばす。おさめるときは手前側から引っ込める。

リール（スピニングリール）の使い方

1 ベイルを起こす

竿を持つ手の人差し指にラインを引っ掛け、反対の手でベイルを起こす。

▼

2 ラインを放つ

仕掛けを投入する瞬間に、ラインに引っ掛けた人差し指を離すとラインが放たれる。

▼

3 ベイルを戻す

ベイルをもとに戻すと、ラインを巻けるようになる。

▼

4 ラインを巻く

ハンドルをまわして、ラインを巻く。再びラインを出したいときは、ベイルを起こす。

竿の持ち方

＜ガイド竿＞

利き手の中指と薬指でリールを挟み、反対の手をリールのハンドルに添える。

写真のように竿の後ろを握ってしまうと、疲れやすくなってしまう。

＜ノベ竿＞

利き手の人差し指を竿の上に添えて握る。こうすることで微妙な操作がしやすくなる。風が強いときは、竿先を下げるようにするとよい。

LINK! チチワ結び ▶ P30

仕掛けの投入方法

10分練習すれば誰でもできる 基本キャストは2種類

仕掛けを投げるのが苦手な人でも、軽く竿を振るだけのアンダースローなら簡単にできる。竿を上から振るオーバーハンドは、腕力だけで投げようとしないで、竿の弾力を利用することが大切だ。

近場のポイントを狙うアンダースロー

アンダースローは、動きが小さいので釣り場が混み合っているときにも使えるキャスト方法だ。まずはこの方法をマスターしよう。

ノベ竿の場合

1 仕掛けの下側をつまむ
竿先を下げ、仕掛けの下をつまみ、手前に引きテンションをかける。

2 竿を振り上げる
竿を振り上げると同時に、つまんでいた仕掛けを放つ。

ガイド竿の場合

1 竿を横に構える
ベイルを起こし、竿を体の横に構える。

2 正面に竿を振る
体の横から正面に向けて竿を振り込むと、仕掛けが前方に飛ぶ。

離れたポイントを狙うオーバーハンド

沖を狙うときは、オーバーハンドで仕掛けを遠くに投げる。腕力で仕掛けを飛ばそうとすると、ラインが切れることもあるので注意が必要だ。

手もとZOOM
手もとZOOM
手もとZOOM

1 頭上で構える
ベイルを起こし、両手で竿を握って頭上で構える。周囲に人がいないことを確かめる。

2 竿を前方に振り出す
ゆっくり竿を前方に振り出す。オモリの重さを感じた瞬間に、ラインを放つ。

3 45度の位置で竿をストップ
竿を45度の位置でストップし、ラインの放出が止まったらベイルを戻す。

仕掛けを投入したあと

オモリが海底に到達したら、ベイルを戻して余分なラインを巻く。そのまま待つより、少しずつラインを巻いて仕掛けを引き寄せながら釣るのがオススメ。

引き寄せながら釣ることで、エサを魚にアピールしながらポイントを探ることができる。

POINT

ラインとオモリの長さを30cmにして投げる

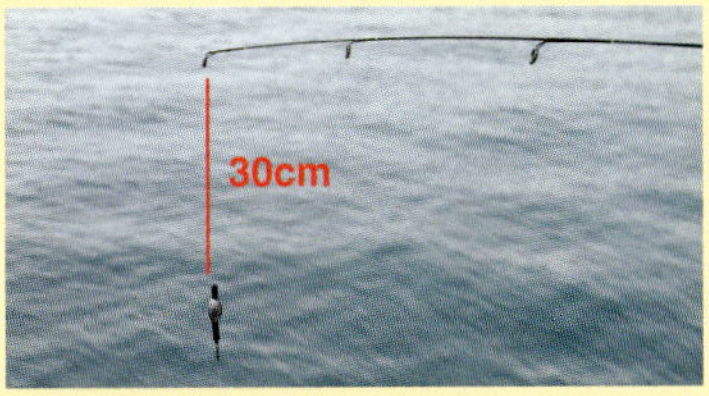
30cm

キャストをする前に、竿先からオモリまでのラインの長さが30cmほどであるか確認する。長すぎてしまうとコントロールがしにくくなる。

Part 1

簡単！ハリの外し方

ハリを手で外してみよう 困ったときは道具もある！

魚を釣り上げたときに困るのが、ハリの外し方。ハリが魚の口に掛かっていれば、手で簡単に外すことができる。魚がハリを飲み込んでいるときは、道具を使って外すようにしよう。

ハリの外し方

ハリを外すときは手で外す方法と、プライヤーを使う方法がある。いずれにせよ、まずはしっかりと魚をつかみ、ハリの掛かり具合を確認しよう。

［手で外す］

ハリスを利き手の指でつまみ、魚を反対の手でしっかりとつかむ。

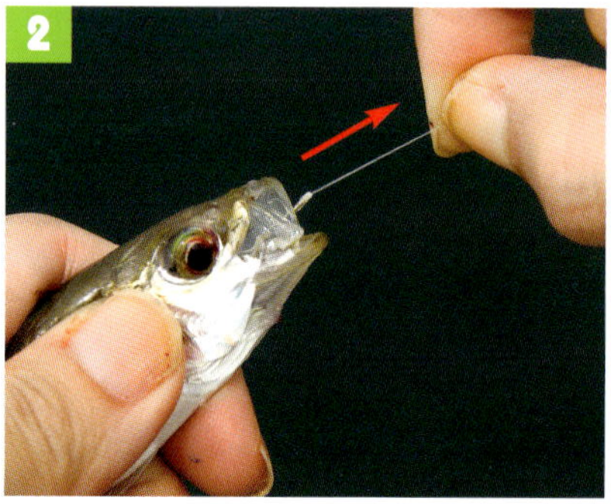

ハリスを引っ張る。ハリの軸が口から出るくらいが目安。

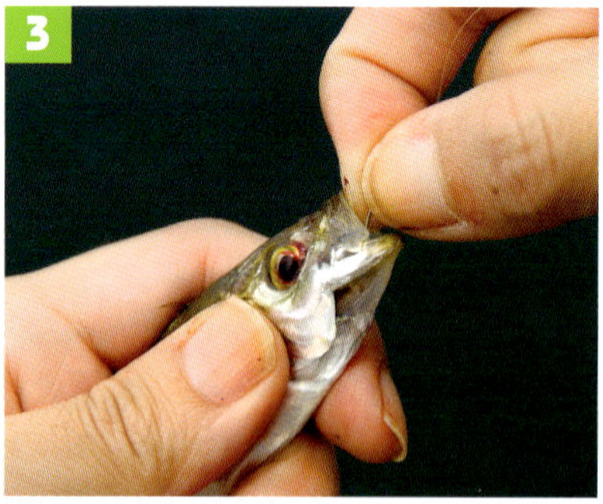

口から出たハリの軸をつまむ。魚はしっかりとつかんでいるように。

ハリ先とは反対方向へ、孤を描くようにハリを動かす。

POINT

魚のおさえ方

魚は腹や尾をつかんでもしっかりおさえられない。つかむときは、エラ付近をおさえると暴れない。写真のような魚をつかむ道具もあるので、体表が固かったり、ヌルヌルしている魚をおさえるときに使うといいだろう。

[プライヤーを使う]

プライヤーでハリの軸をつまみ、ハリ先とは反対方向へ弧を描くようにハリを動かす。

ハリが外せなくて困ったときの対処法

魚がハリを飲み込んでしまうと、外すのに少々苦労する。そんなときは、ハリ外しを使うと簡単に外すことができる。また、ハリスを引っ張ったり、ハリスごとカットするのも有効な手段だ。

[ハリ外しを使う]

1

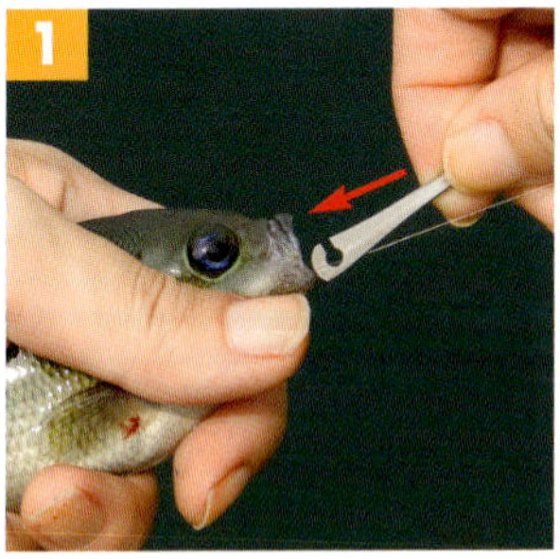

ハリ外しを利き手の指でつまみ、ハリスをハリ外しの隙間に通しながら口の中に入れる。

2

ハリ外しの隙間にハリ先が引っかかったら、ハリ外しをひねり、ハリの掛かりをゆるめる。

3

ハリの掛かりがゆるまったら、そのまま引き抜く。素手で外れないときは、大抵これで外れる。

[ハリスを引っ張る]

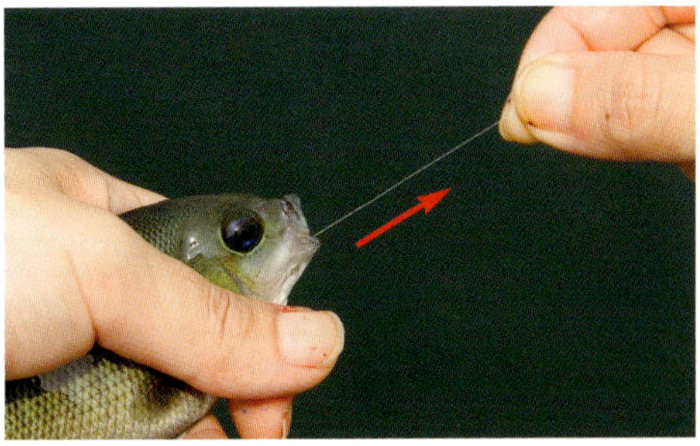

ハリスを引っ張る。少しくらいハリが飲み込まれていても、これだけで抜けることもある。

[ハリスをカットする]

ハリスを引っ張っても抜けないときは、ハリスごとカット。調理のときにハリの処理を。

これだけで結びはOK

ラインとリリアンを結ぶ
チチワ（わっか）結び

チチワ結びは、強度があり簡単にほどくことのできる便利な結び方。

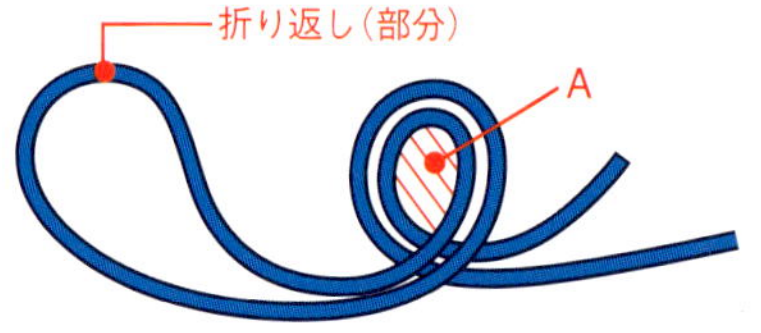

1 ミチイトを折り返して、10cm程度の長さを取る。次に小さなループを作る。

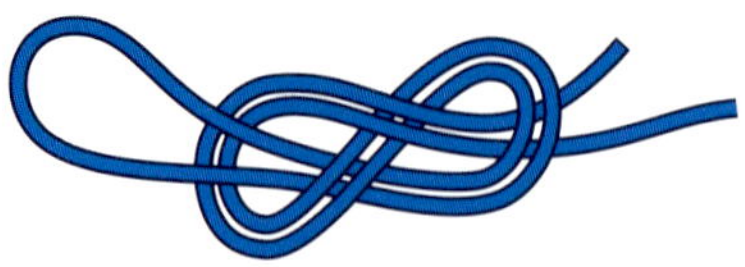

2 1で作ったA（ ）のループに人さし指を入れて1～2回ねじる。指を入れた部分にミチイトの折り返し部分を下から上に通す。

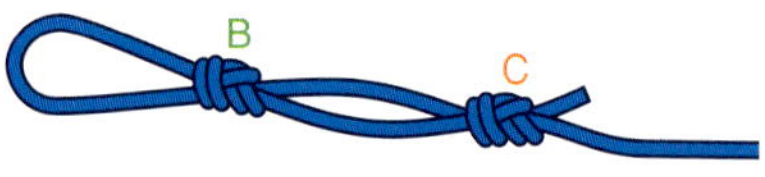

3 2で作った結び目から５cmほど間隔をあけて同じ結び目を作る。

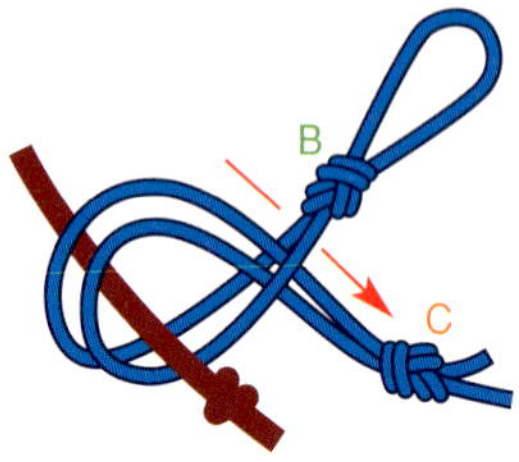

4 結び目Cを２つの結び目の間に通し、そのときできたループの中に、ノベ竿の先端にあるリリアンを通す。

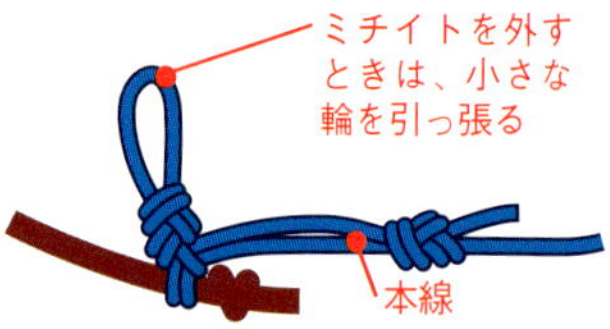

5 最後に本線を引っ張れば完成。

金具とラインを結ぶ
クリンチノット

クリンチノットは結び方が簡単で、釣りビギナーにオススメ。

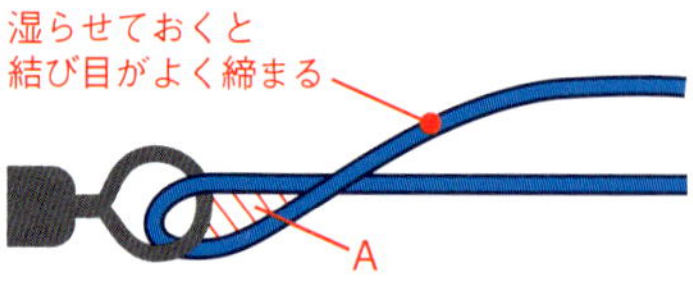

1 金具にラインを通す。ラインを折り返して、10cm程度の長さをとる。

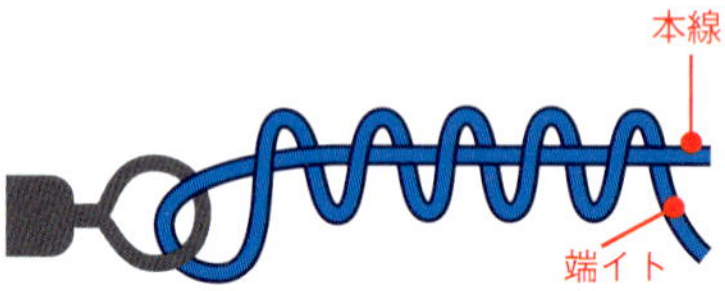

2 端イトを本線に５回程度からめる。

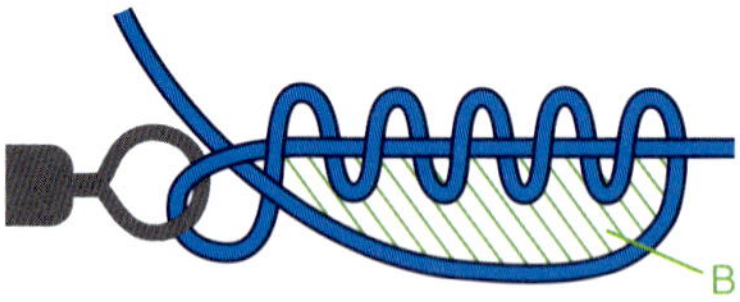

3 端イトを1のときに作った輪A（ ）に下から上へとくぐらせる。

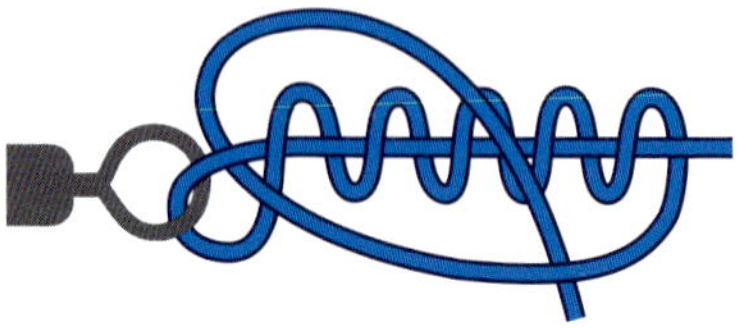

4 端イトを3のときに作った輪B（ ）に下から上へとくぐらせる。

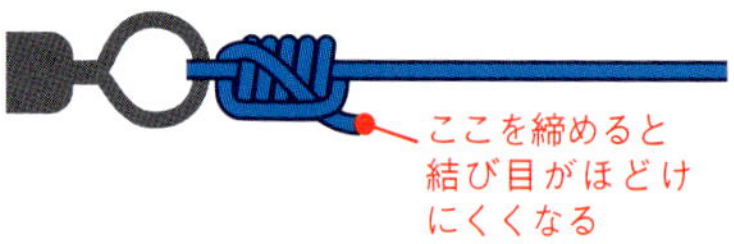

5 端イトを軽く引き締め、次に本線を引き締める。最後に端イトを強く引き締めたら、余分な部分をカットする。

ラインとリーダーを結ぶ
電車結び

それぞれ太さの違うラインを結ぶとき、電車結びは最も強度の高い結び方。

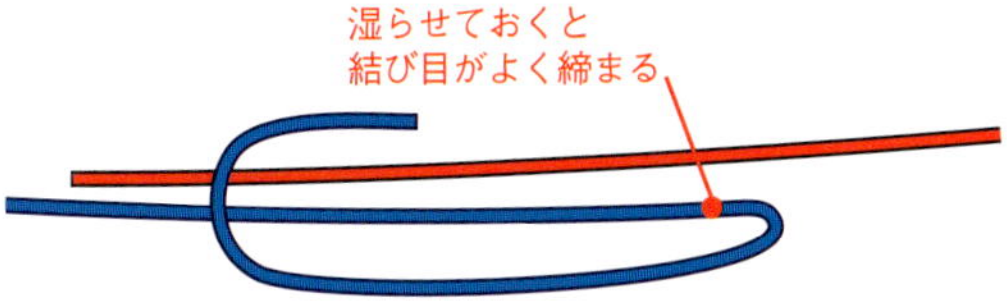

1 片方のラインの端で輪を作る。

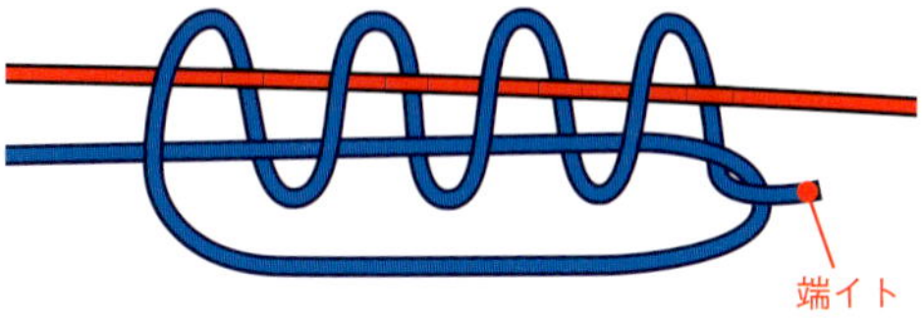

2 片方のラインで、もう片方のラインを取り込むように4回ほどからめ、端イトを引っ張る。

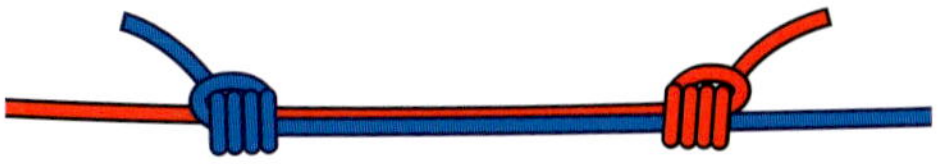

3 もう片方のラインでも**1**～**2**を繰り返して結び目を作る。

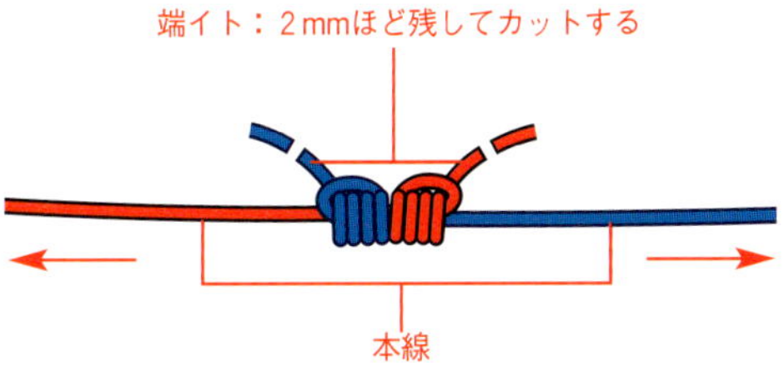

4 本線同士を引っ張り、2つの結び目を接続させる。最後に端イトを引き締めれば完成。

ラインとラインを結ぶ
改良エイトノット

ライン同士を直結させる改良エイトノットは、素早く結べて強度のある結び方。

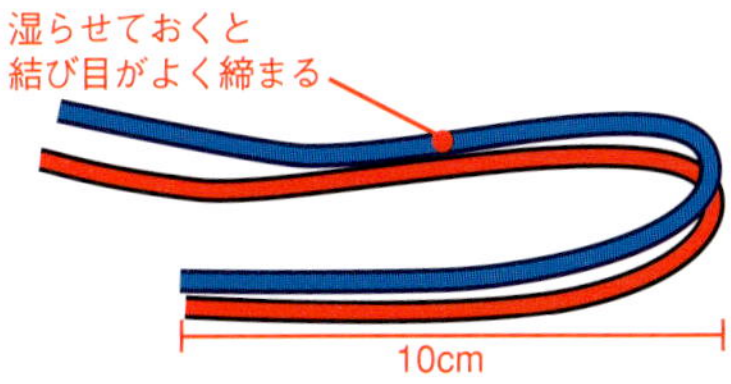

1 2本のラインを重ね合わせて折り返す。折り返したときの長さは10cm程度が目安。

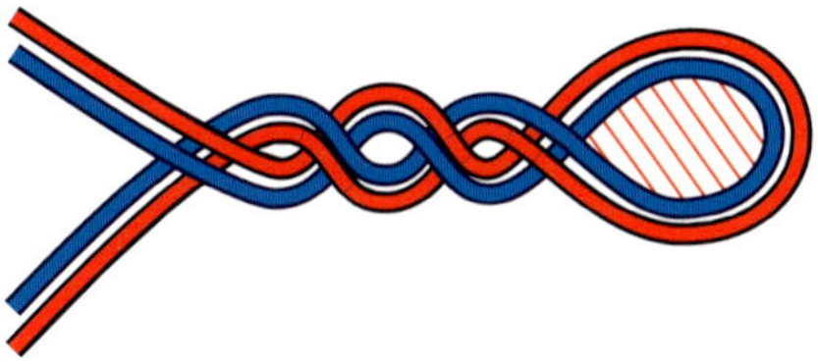

2 折り返した部分（ ）に人さし指を入れて、2～3回ねじる。

3 **2**のときに作った人差し指をかけた部分（ ）に端イトを上から下に通す。

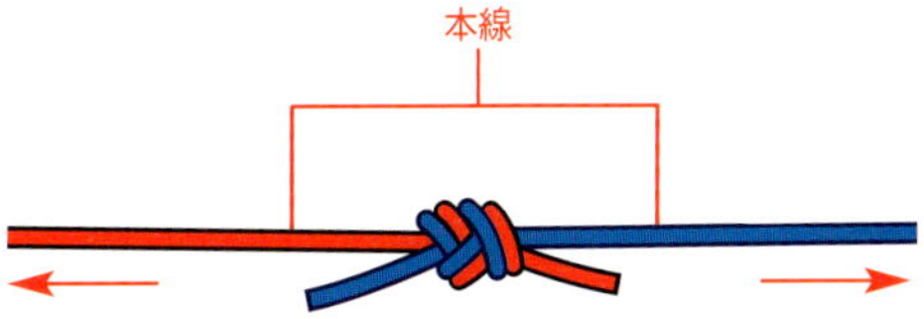

4 結び目を軽く引き締める。次に本線同士をゆっくりと引き締めれば完成。

Part 1

サビキ釣りをはじめよう

エサを付ける必要がなく誰でも簡単に楽しめる

サビキ釣りはコマセで魚を集め、サビキという疑餌《ぎじ》バリを使って釣り上げる。仕掛けを足元に落とすだけの簡単な釣り方なのでビギナーにもオススメだ。

サビキで狙える魚

- イワシ
- サッパ（ママカリ）
- アジ
- サバ　など

POINT

カゴの種類は2種類

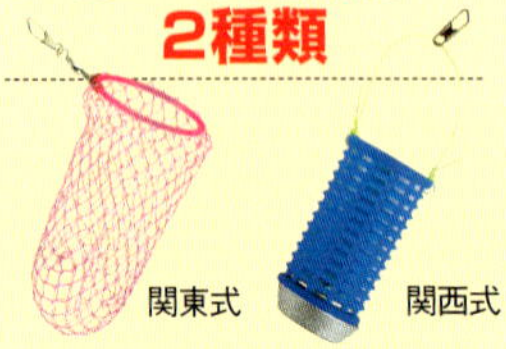

コマセ袋には関東式と関西式がある。関西式はオモリと一体型になっているので、仕掛けの一番下にセットする。

サビキの仕掛け

アジ、イワシなど幅広い魚が簡単に狙える。リール竿を使えば、水深を問わず対応できる優れた釣り方だ。

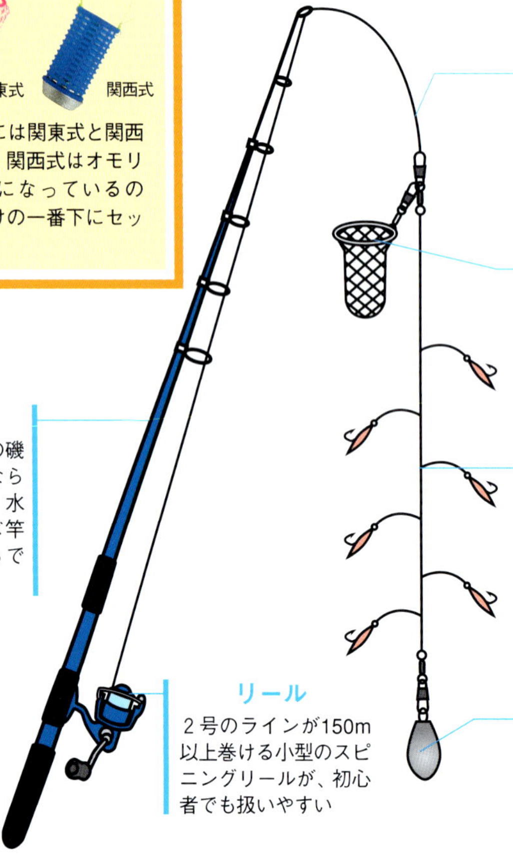

ミチイト
ナイロンの2号が最適。500mぐらいのボビン巻きのものが、長く使うなら経済的で断然お得だ

コマセ袋
ナイロン製のS～Mサイズを使用。仕掛けから外れ落ちることもあるので予備も忘れずに用意したい

仕掛け
スキン、サバ皮、ハゲ皮（P35参照）など市販のもの。ハリ6号前後、ハリス0.6～1号前後のものが基本

竿
長さ3m以下の磯竿か、堤防際なら短いリール竿。水深次第でノベ竿で狙うこともできる

リール
2号のラインが150m以上巻ける小型のスピニングリールが、初心者でも扱いやすい

オモリ
ナス型の3～5号がメイン。一度に数匹の魚が掛かるようなときは、重めのオモリで仕掛けがからむのを防ぐ

POINT

釣り座のレイアウトを整える

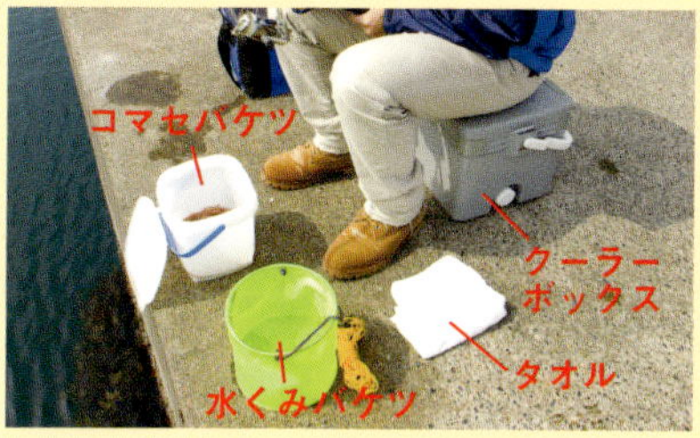

クーラーボックスに座り、コマセバケツを正面に置く。水くみバケツと手をふくタオルを左側に置いておく。こうして釣り座のレイアウトを整えておくとトラブルを防ぐことができる。

サビキの釣り方

たくさんのハリが付いているサビキ仕掛けは、からまりやすい。コマセを入れるときも仕掛けを張って、からまないようにしよう。

1 **コマセを解凍する**
冷凍のコマセブロックなら海水を張ったバケツに、袋に入れたままつけて解凍する。溶けたら海水で薄めずにそのまま使う。

2 **コマセ袋にコマセを入れる**
仕掛けを海に向かってたらし、コマセ袋に解凍したアミコマセを入れる。量は8分目で、専用スプーンがあると手が汚れないので便利。

3 **仕掛けを投入**
竿を立て、コマセ袋を持つ。リールのベイルを起こして持っている手を離すと、仕掛けを海に投入できる。

4 **竿先を上下させる**
オモリが海底に着いたら、リールを1〜2回巻いてオモリを底から浮かす。1〜2回竿を上下させてコマセを出し、リールを1回巻く。

5 **釣れた魚は上から外す**
「プルプル」と手にアタリを感じたら、ゆっくりラインを巻き、複数の魚が釣れていたら上の魚からハリを外す。

サビキのテクニック

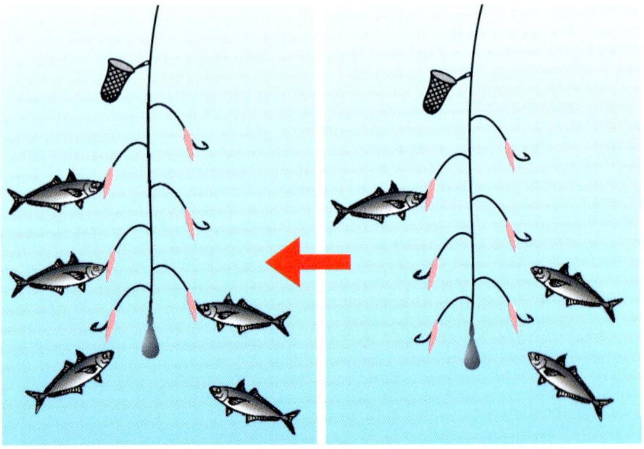

魚の食い気があるときは追い食いを待ってから竿を上げる。

１匹釣れた状態でも、すぐに上げずに待つ。

［ 追い食いで数を釣る ］

魚が多いときは少し待ち、何尾か掛かってから上げると効率的。１尾掛かった後、さらにハリ掛かりするのを追い食いという。

POINT

コマセをまいたらムダに竿を動かさない！

仕掛けを投入し、竿を振ってコマセをまいたら、必要以上に竿を動かさない。ムダに竿を動かすと、魚が警戒してしまう。

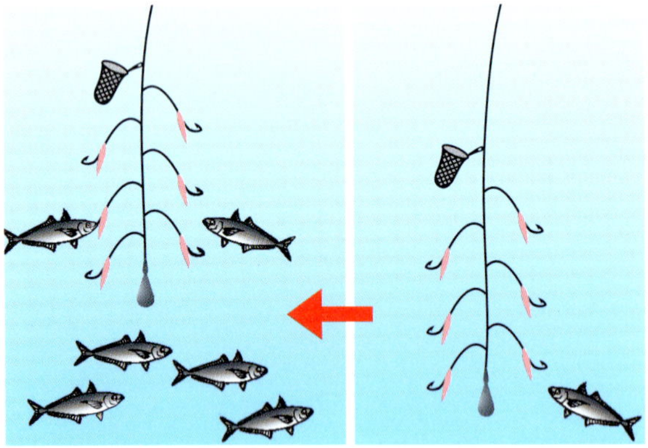

タナを変えて下のハリに単発で掛かっているときは、タナよりも上を狙っていたことになる。

アタリが減ったときは、タナを変えよう。そのとき、魚がハリ掛かりしてきた位置をチェックしよう。

［ タナの変化に注意 ］

的確なタナ（魚がいるところ）を狙わなければ釣果は得られない。タナは変化するので、ハリ掛かりの状態を見て判断しよう。

POINT

着底のタイミングに注意

オモリの着底後にミチイトを出したままでは仕掛けがからんでしまう。オモリ着底後はすぐに仕掛けを引き上げる。

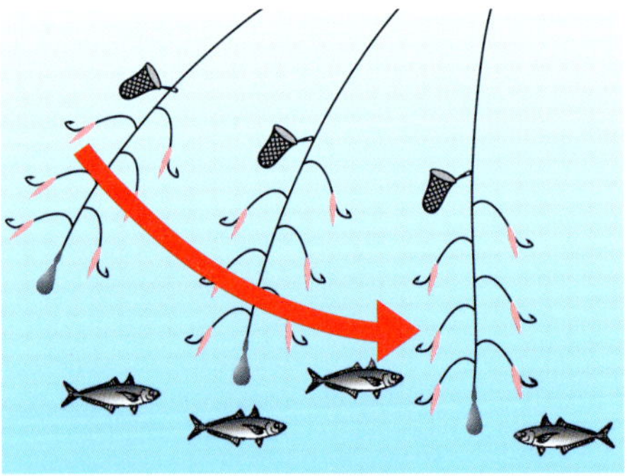

仕掛けを軽く投げ、少しずつ手前へ仕掛けを引き寄せながら釣る。

［ アンダースローで投げサビキ ］

魚の食いがいいときは、仕掛けを投入している最中でもハリ掛かりしてくることがある。こうしたときは、仕掛けを軽く投げて釣るのもオススメだ。

釣れないときの裏技

サバ皮

ハゲ皮よりもやわらかく、海中でのしなやかな動きが特徴。

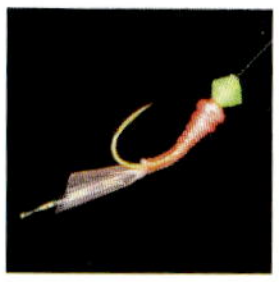

スキン

薄いゴムでできたもの。白やピンクといったカラーがある。

オーロラ

サバ皮を特殊加工したもので、光沢があるのが特徴。

ハゲ皮

ウマヅラハギなどの皮でできたもの。海中で青白く光る。

[ハリを変えてみる]

サビキにはいくつか種類がある。スキン、サバ皮、ハゲ皮、オーロラなどだ。定番はスキンだが、場合によってはハゲ皮などにアタリが集中することもある。アタリが来ないときは、仕掛けを変えてみるのもひとつの方法だ。

トリックサビキに挑戦

トリックサビキは、仕掛けにコマセをこすりつけて釣る方法。サビキで釣れないときでも、トリックサビキでガンガン釣れることがあるのだ。

トリックサビキの道具

エサ付け器

解凍したアミコマセを入れるためのエサ付け器。エサ付け器単体でも売られているが、バケツとセットになったものが便利。

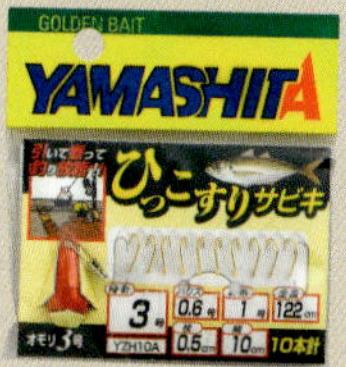

トリック仕掛け

トリックサビキ用の仕掛けが市販されている。コマセが引っ掛かりやすいようにハリがダブルになっているものもある。

1 エサ付け器にコマセを入れる

解凍したコマセをエサ付け器に入れる。バケツとセットになっているときは、バケツに海水を入れて安定させておく。

2 仕掛けにコマセを付ける

利き手で竿を持ち、反対の手で仕掛けの下側を持つ。エサ付け器の前後のスリットに仕掛けを通し、矢印の方向に仕掛けを動かす。

LINK! アンダースロー ▶ P26

Part 2

堤防釣りをしよう

釣り方を変えれば、当然釣れる魚も変わってくる。釣り方のバリエーションを知っていれば、釣りの楽しみは2倍、3倍になるのだ。ここで紹介する様々な釣り方を試して、堤防釣りを思う存分満喫しよう。

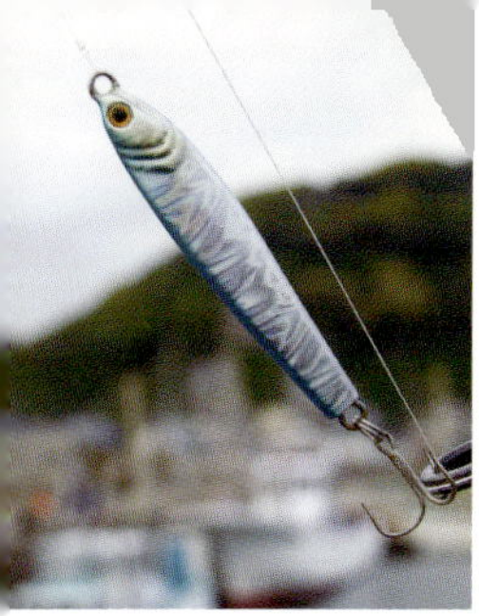
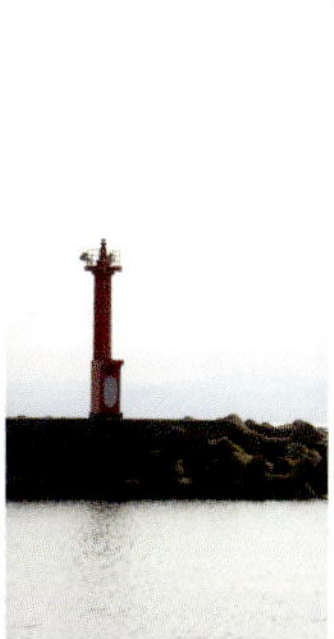
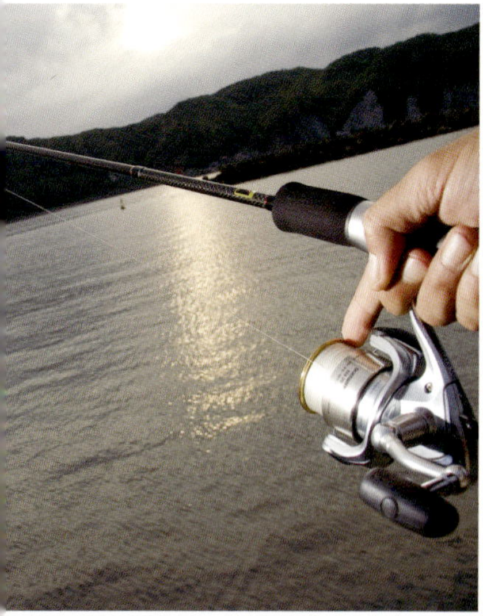
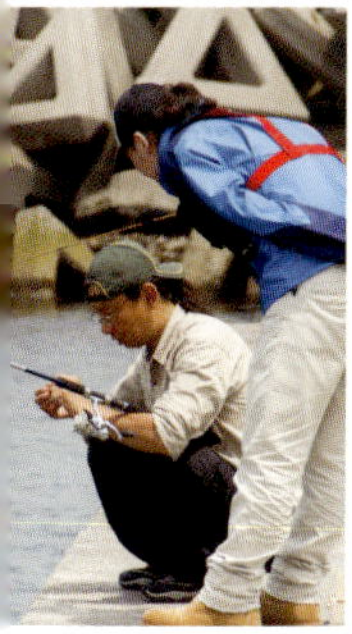
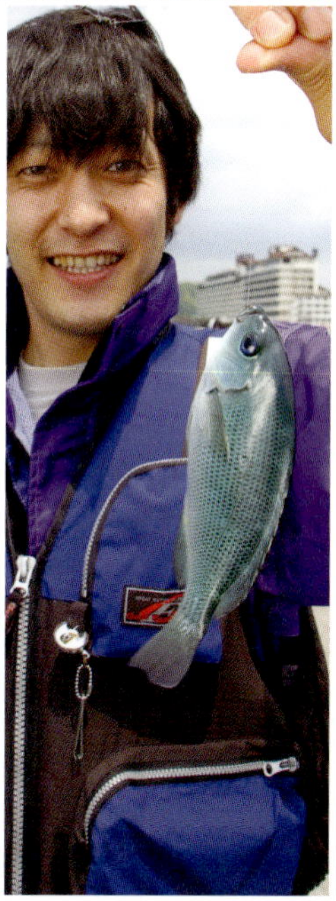
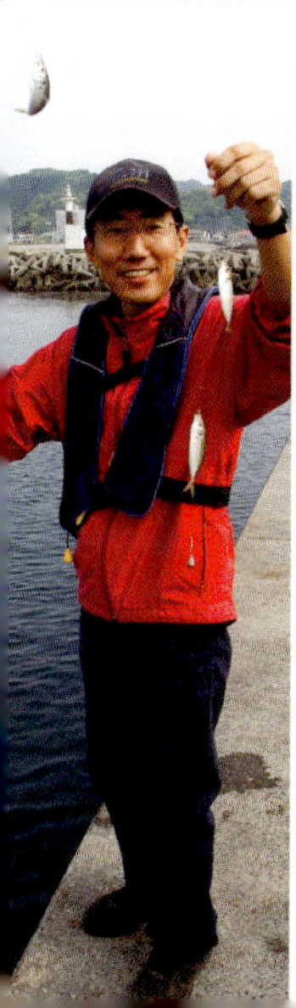
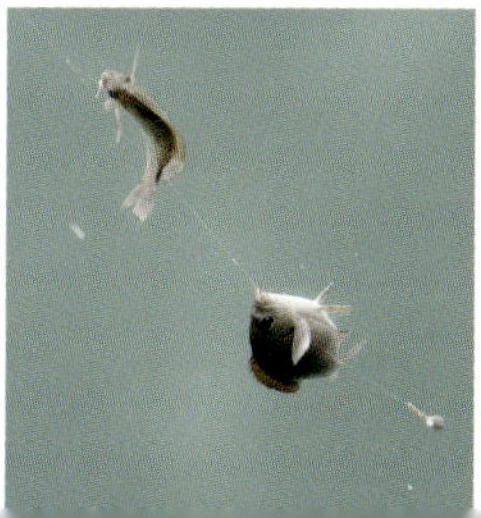

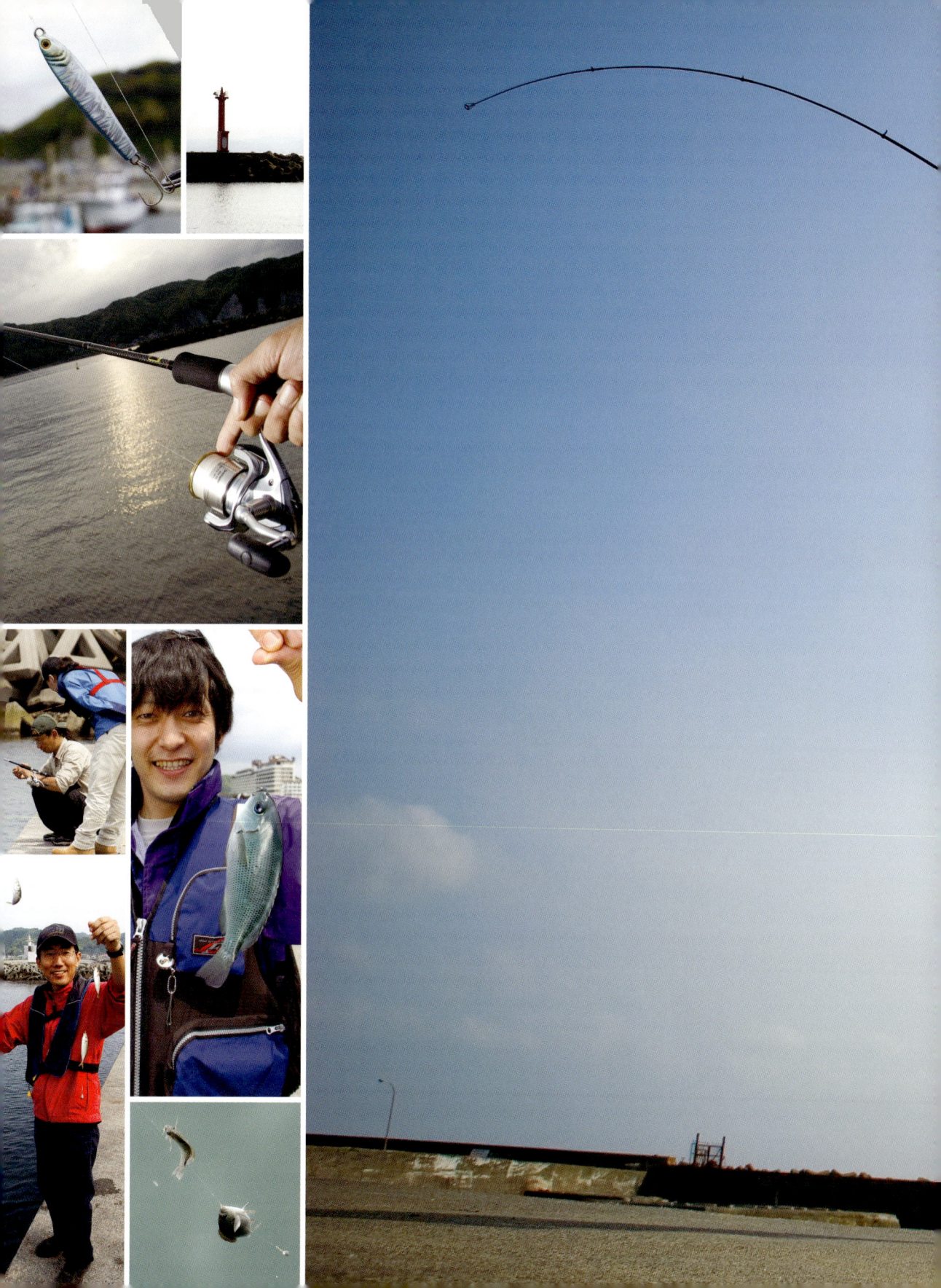

魚種が広がるチョイ投げ

Part 2

手軽な釣り方で 五目釣りを楽しむ

チョイ投げは、軽いオモリを使ったライトな投げ釣りのこと。投げ釣りより手軽で、狙える魚も豊富。条件がよければ、大物が釣れる可能性もあるのだ。

チョイ投げで狙える魚

- シロギス（P44）
- アイナメ（P45）
- イシモチ
- カレイ
- カワハギ
- ベラ　など

チョイ投げの仕掛け

竿やリール、ミチイトはサビキ釣りで使用したものが使えることも、チョイ投げの魅力。また、仕掛けがシンプルなので魚のアタリもダイレクトに伝わってくる。

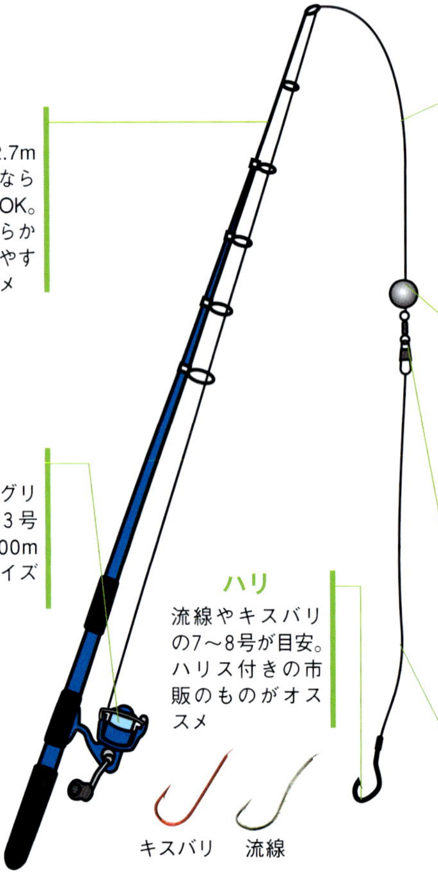

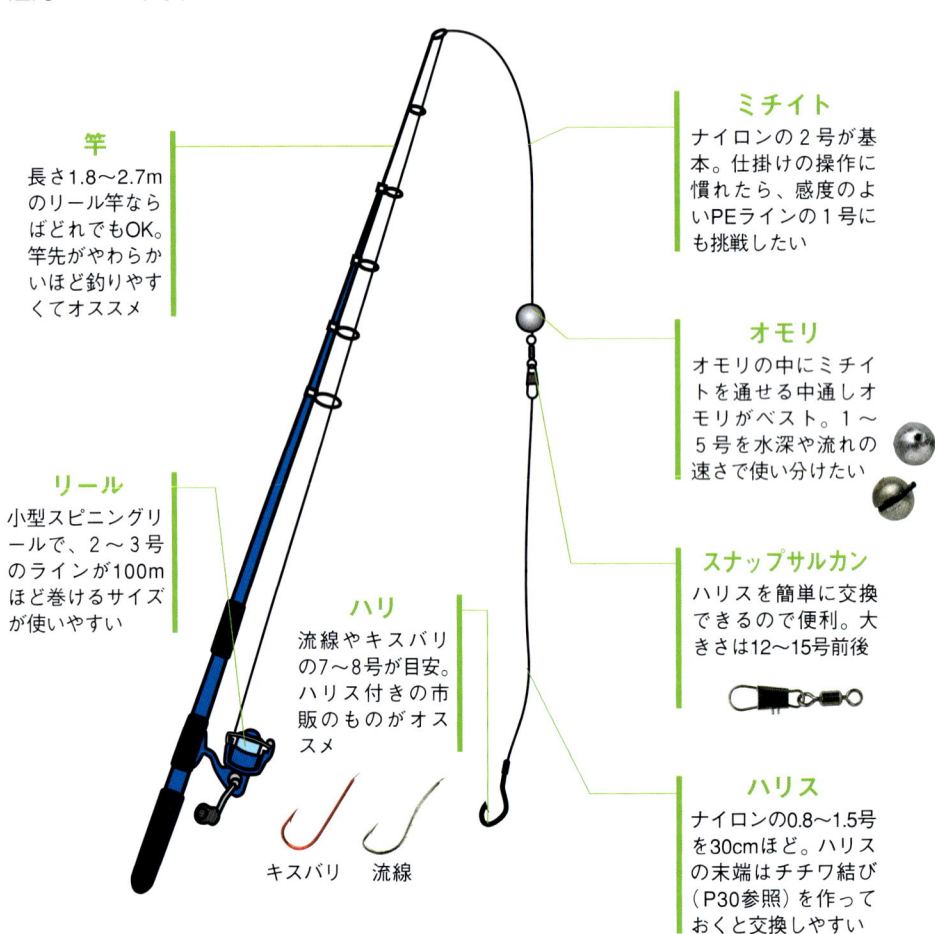

竿
長さ1.8～2.7mのリール竿ならばどれでもOK。竿先がやわらかいほど釣りやすくてオススメ

リール
小型スピニングリールで、2～3号のラインが100mほど巻けるサイズが使いやすい

ハリ
流線やキスバリの7～8号が目安。ハリス付きの市販のものがオススメ

キスバリ　流線

ミチイト
ナイロンの2号が基本。仕掛けの操作に慣れたら、感度のよいPEラインの1号にも挑戦したい

オモリ
オモリの中にミチイトを通せる中通しオモリがベスト。1～5号を水深や流れの速さで使い分けたい

スナップサルカン
ハリスを簡単に交換できるので便利。大きさは12～15号前後

ハリス
ナイロンの0.8～1.5号を30cmほど。ハリスの末端はチチワ結び（P30参照）を作っておくと交換しやすい

仕掛けの作り方

チョイ投げの仕掛けはいたってシンプル。オモリの付け方とハリの付け方をマスターすれば、誰にでも仕掛けが簡単に作ることができる。

オモリの装着方法

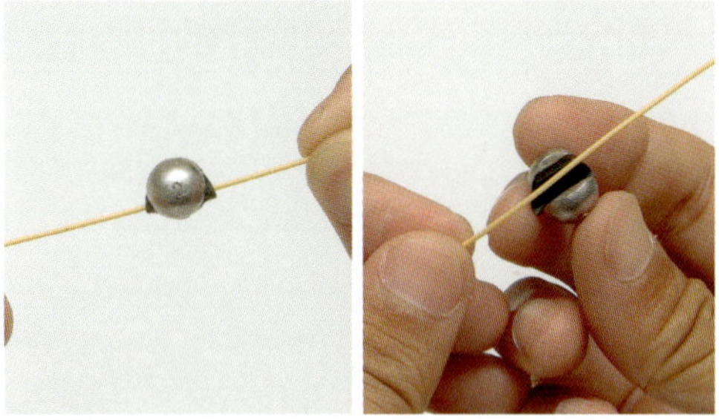

割れ目があるタイプ

割れ目があるオモリは、間にラインを挟み、プライヤーなどでしっかり締め付ける。

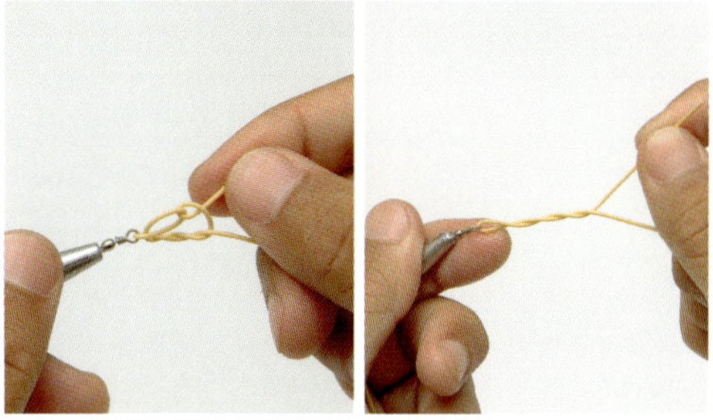

上下にサルカンがあるタイプ

上下にサルカンがあるオモリは上側にミチイトを、下側にハリスをクリンチノット（P30参照）で結ぶ。

ハリの付け方

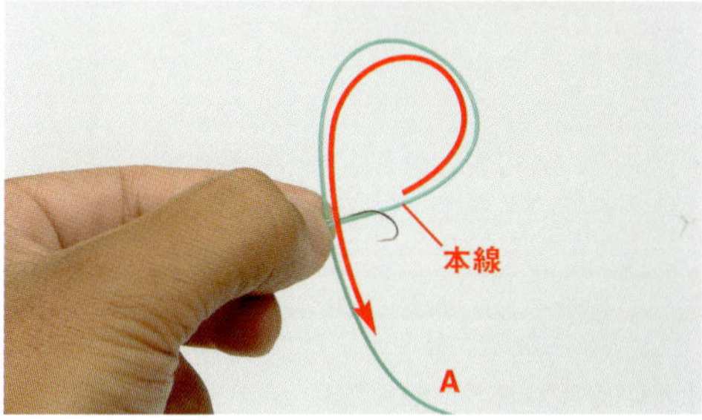

1 ハリの軸に輪を作る

ハリの軸にラインを添えて写真のように輪を作る。

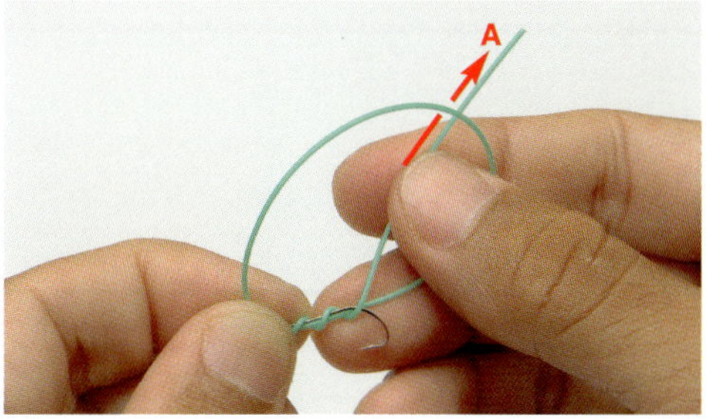

2 ハリの軸と輪にラインをからめる

ハリの軸と本線にAのラインを3～4回ほどからめて1で作った輪に下から通す。

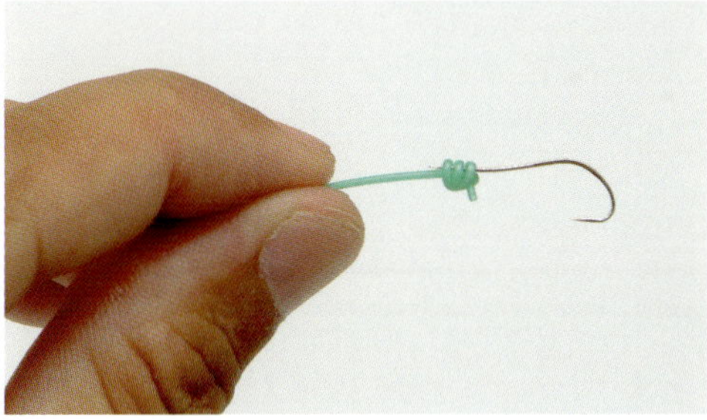

3 結び目を引き締める

ラインの両端を持ち、ゆっくり結び目を引き締める。余分なラインをカットして完成。

POINT

ハリス付きのハリなら手間いらずで簡単！

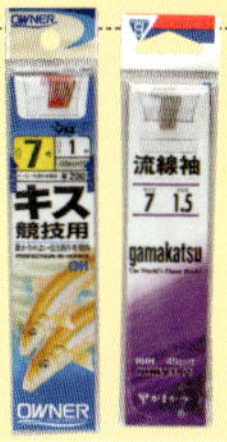

市販されているハリス付きのハリを使えば、ハリを自分で結ぶ手間が省ける。キスバリか流線の7～8号、ハリス0.8～1.5号（長さ45cm）のものを使う。

LINK! チチワ結び ▶P30、クリンチノット ▶P30

チョイ投げのポイント

チョイ投げは１年中楽しめる釣り方だが、釣果にこだわるなら水温が上がる春〜秋が狙い目だ。堤防では地形の変化があるところがポイントとなる。

POINT

根掛かりに注意！

海底に岩が多い所では、ハリが岩に引っ掛かる根掛かりが多くなってしまう。ポイントは海底に砂地が広がっているところを選ぼう。

➡根掛かりの対処法はP84へ！

SPECIAL ADVICE

ポイントを開拓しよう

典型的なポイントばかりではなく、港内隅の岸壁やテトラポッド際の砂地など、チョイ投げだからこそ狙えるポイントを探ってみよう。水深が浅くても時間帯や潮の状態によって釣果が期待できることがある。

堤防先端や海底の斜面付け根を狙おう

堤防の先端や付け根、船道のカケアガリ（斜面）など地形に変化があるところがポイントとなる。初夏以降なら、人気のシロギスが水深１〜２ｍの湾内で爆釣することもある。

チョイ投げのエサ選び

チョイ投げではイソメ類が定番のエサとなる。しかし、イソメ類が苦手な人も多いだろう。そんなときは、オキアミや人工ワームといった選択肢もある。

オキアミ

オキアミは海釣りの万能エサといえる。身がやわらかいため、投げ釣りにはあまり適さないが、チョイ投げなら問題なく使える。

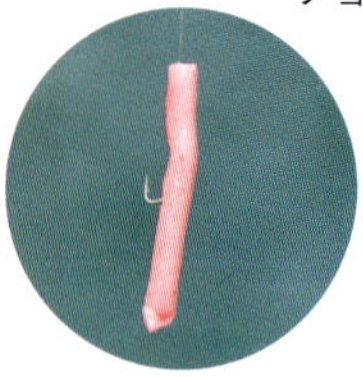

人工ワーム

魚のエサをミンチにして作られた人工ワーム。２〜３cmほどに切ってハリ掛けして使う。

イソメ類

オススメはアオイソメかジャリメ。アオイソメは臭いが強く、魚へのアピールがよい。ジャリメはやわらかくて細いので、シロギスなど口の小さな魚に向いている。ハリに通し刺しか、チョン掛け（P23参照）にする。

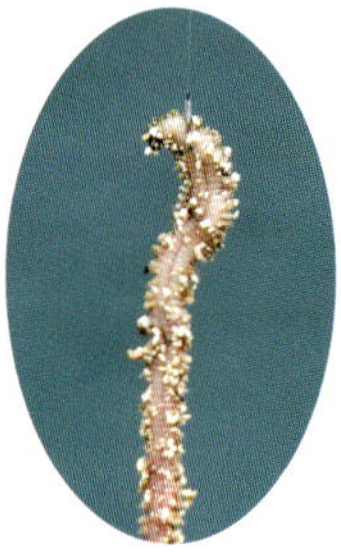

チョイ投げの釣り方

チョイ投げでは仕掛けを前方に飛ばして投入する。キャストの基本はオーバーハンド（P27参照）だが、苦手な人はアンダースロー（P26参照）で近場を狙ってみよう。

1　仕掛けを投入

仕掛けはオーバーハンドで投入する。20mほど飛ばすことができればOK。近場を狙うならアンダースローでも充分。

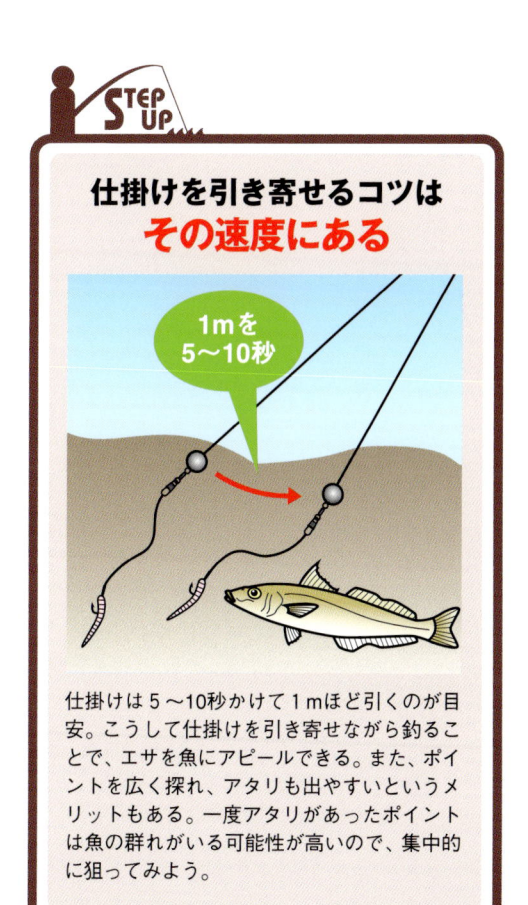

2　竿先を下げる

仕掛けが飛んだのを確認し、着水したら、そのまま竿先を下げる。こうしてオモリが海の底に届くのを待つ。

3　余分なラインを巻く

オモリが着底して、ラインの放出が止まったらベイルを戻す。余分なラインを巻いて糸フケ（ラインのたるみ）を取る。

4　仕掛けを引き寄せる

竿を横に向け、もとに戻しながらゆっくりラインを巻く。こうして仕掛けを少しずつ引き寄せながら釣る。

STEP UP

仕掛けを引き寄せるコツは その速度にある

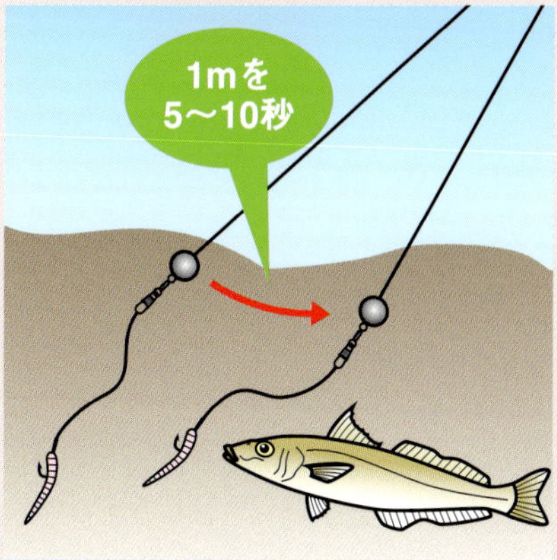

仕掛けは5～10秒かけて1mほど引くのが目安。こうして仕掛けを引き寄せながら釣ることで、エサを魚にアピールできる。また、ポイントを広く探れ、アタリも出やすいというメリットもある。一度アタリがあったポイントは魚の群れがいる可能性が高いので、集中的に狙ってみよう。

LINK! 通し刺し ▶ P23、チョン掛け ▶ P23、オーバーハンド ▶ P27、アンダースロー ▶ P26

アタリが来たら慌てずアワセをする

チョイ投げの場合、アタリを明確に捉えることができる。アタリを感じたら、少し間をおいてアワセ（魚を針掛かりさせる）をしよう。

竿先をあおる

竿先にアタリを感じたら少し待ってから竿先を上げ、ラインを巻いていく。ラインは一定の速度で巻くのがコツ。アタリがわかりにくいときも、竿先の動きがいつもと違うなと思ったら、とりあえず竿先を立てるかリールを巻いてみよう。

PEラインを使っているときは竿を送り込む

PEラインはナイロンのものに比べて伸縮性がない。そのため、魚が違和感を感じてエサを吐き出すことがある。アタリがあった場合は、竿を少し送り込むように海の方へ出してやるとよい。

POINT

竿は必ず手持ちで！

チョイ投げでは竿立てなどを使用せず、手持ちが基本となる。手持ちの方がアタリが取りやすくなるのだ。

STEP UP

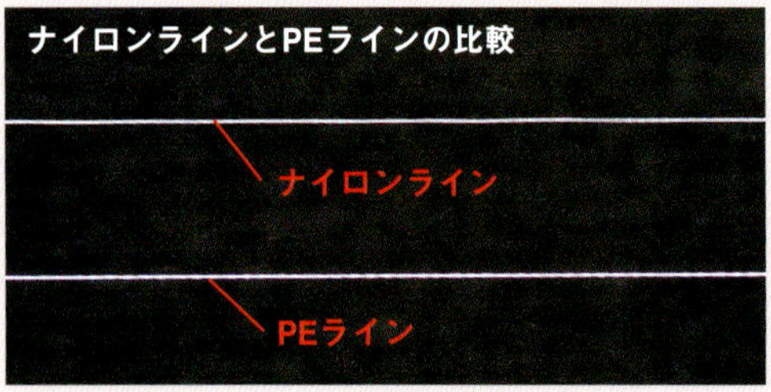

PEラインを使ってチョイ投げをもっと楽しむ

PEラインは0.6号の細さでナイロンラインの２号と同じ強度がある。ラインが細くなると空気抵抗が小さくなり、飛距離が出て、潮の影響も受けにくい。また、ナイロンラインのように伸びないのでアタリや地形の変化がとてもわかりやすいのだ。

釣れないときの裏技

釣れないときに、同じ釣り方をしていてもアタリはやって来ない。そんなときには、仕掛けを少し変えてみたり、狙うポイントを変えてみたりと釣り方を変化させてみよう。

SPECIAL ADVICE

釣れないときは まず仕掛けをチェック

アタリが来ないときは、まず仕掛けをチェックしよう。エサのタラシの長さを変えてみたり、ハリスを細くしてみたり、こうしたことでとたんに釣れるようになることもある。また、仕掛けをマメにチェックすることで、エサの状態も同時に確認できる。エサは常に新鮮なものにしておくことも大切だ。

ポイントで待つ

船道のカケアガリ(斜面)などは魚の通り道となっているので、海底の変化を感じたら仕掛けを引き寄せるのをやめて少し待つ。

船道のカケアガリ(斜面)は魚が集まるポイントのひとつ。ここで少し待ってみるというのもひとつの方法。

それでもダメなら左右に移動

扇状にポイントを広げてもアタリがないときは、左右に移動したり、足元を狙ってみる。

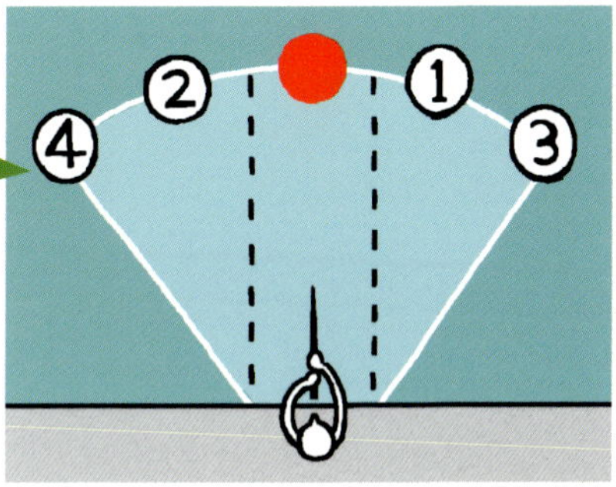

投入点を広げる

アタリがないのに同じポイントばかりを狙っていても釣果は期待できない。仕掛けの投入点を①～④のように扇状に広げてポイントを探ってみよう。

これでは釣れない！ NG！

仕掛けをチェックしない

釣れない原因を知るためにも仕掛けはマメにチェックする。エサが古くなっていたり、からんでいたりすると魚にエサをアピールできない。

竿を置いてアタリを待つ

竿を置いたままにしていると微妙なアタリを見逃してしまう。チョイ投げでは手持ちが基本。

人気ターゲット シロギス

体長15〜20cm。アタリが明確で引きも強く、チョイ投げの代表的なターゲットといえる。狙える時期は春〜秋。

狙えるポイント
イソメ類を常食としているので、浅い砂底の場所を好む。エサの豊富な河口や小さな岩礁《がんしょう》が点在している場所なら、大型の確率も高い。

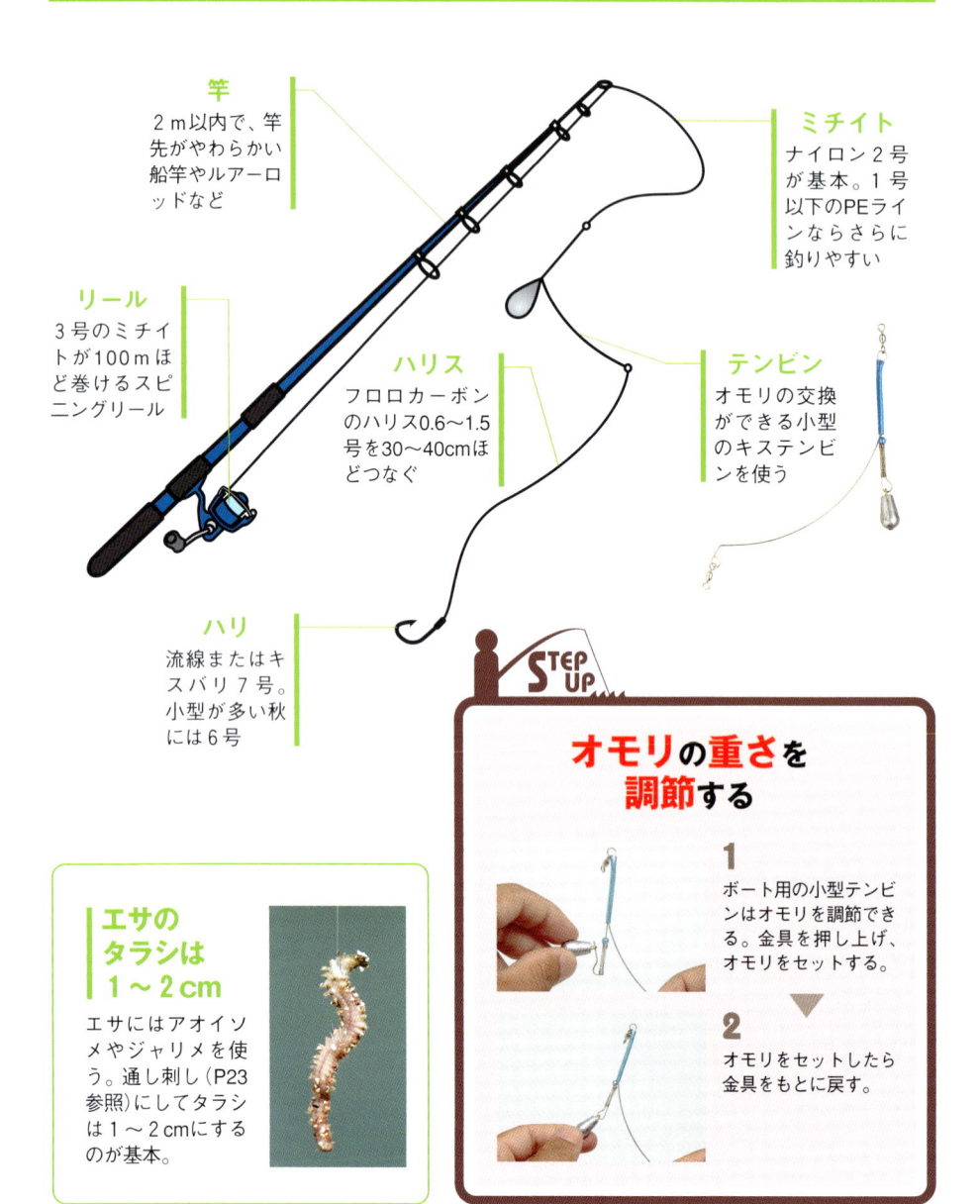

竿
2m以内で、竿先がやわらかい船竿やルアーロッドなど

リール
3号のミチイトが100mほど巻けるスピニングリール

ハリス
フロロカーボンのハリス0.6〜1.5号を30〜40cmほどつなぐ

ミチイト
ナイロン2号が基本。1号以下のPEラインならさらに釣りやすい

テンビン
オモリの交換ができる小型のキステンビンを使う

ハリ
流線またはキスバリ7号。小型が多い秋には6号

STEP UP オモリの重さを調節する

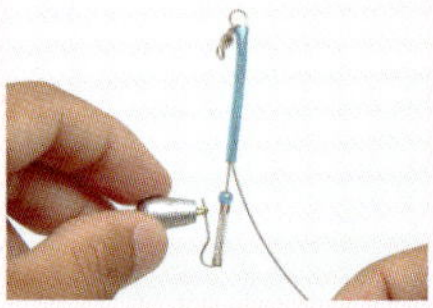

1
ボート用の小型テンビンはオモリを調節できる。金具を押し上げ、オモリをセットする。

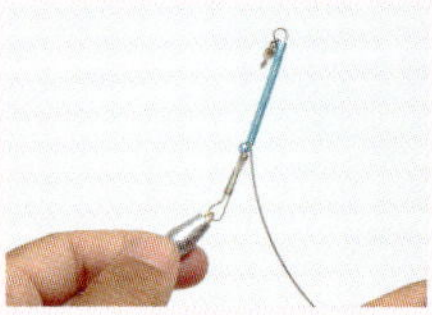

2
オモリをセットしたら金具をもとに戻す。

エサのタラシは1〜2cm

エサにはアオイソメやジャリメを使う。通し刺し（P23参照）にしてタラシは1〜2cmにするのが基本。

テンビンを使わないで狙う アイナメ

体長20～30cm。海底の根やテトラポッド周辺で暮らし、カニ、エビ、イソメや小魚をエサにしている。

狙えるポイント　堤防ではテトラポッドの隙間や、足下の壁にもアイナメが隠れている。沖の根まわりも含めて、根掛かりを恐れず積極的に探りたい。

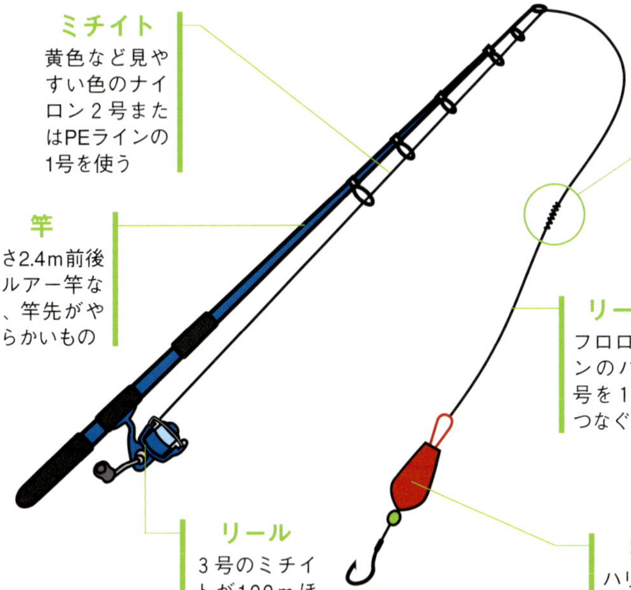

ミチイト
黄色など見やすい色のナイロン２号またはPEラインの1号を使う

竿
長さ2.4m前後のルアー竿など、竿先がやわらかいもの

リール
３号のミチイトが100ｍほど巻けるスピニングリール

リーダー
フロロカーボンのハリス3号を１ｍほどつなぐ

オモリ
ハリと一体になった専用オモリで１～5号が標準

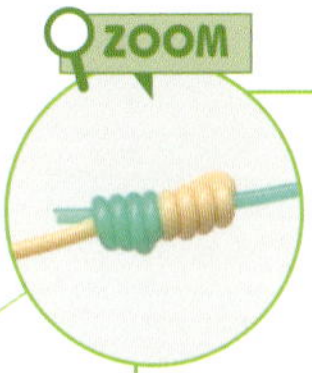

ここで電車結び（P31参照）
ミチイトとリーダーは、電車結びでしっかり結ぶ

ノーマルタイプ　ブラータイプ
アイナメ釣りで使用するオモリはブラクリオモリと呼ばれる。ノーマルタイプと、落下するときに誘い効果のあるブラータイプがある。

POINT

根掛かるときはウキゴムの裏技を！

アイナメを狙うときは、底を狙うので仕掛けが根掛かりしやすい。そんなときには、オモリの上にウキゴムをセットするとクッションになって根掛かりしたときに外しやすい。

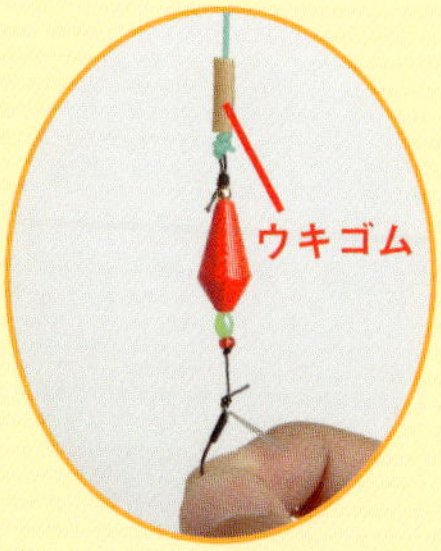

エサは縫い刺しにする

エサにはアオイソメを使う。アイナメにアピールするために縫い刺し（P23参照）にしてボリュームを出す。

LINK! 通し刺し ▶ P23、電車結び ▶ P31、縫い刺し ▶ P23

手軽に楽しむウキ釣り

リールを使わない
シンプルな仕掛け

リールを使わないノベ竿は、軽量で扱いやすいのが特徴。そのノベ竿を使ったウキ釣りは、仕掛けがシンプルなので誰でも楽しめる。

ウキ釣りで狙える魚

- メジナ(P52)
- アジ(P53)
- ウミタナゴ(P54)
- ハゼ(P55)
- サヨリ
- メバル など

POINT

玉ウキ＋スレバリの最強コンビ

色々な種類があるウキ。初心者にオススメなのは浮力調節もしやすい「玉ウキ」だ。ハリはカエシのない「スレバリ」が使いやすい。

ウキ釣りの仕掛け

この仕掛けの特徴はリールのないノベ竿を使うところ。リールがないため軽量で使いやすく、魚の引きを存分に楽しむことができるのだ。

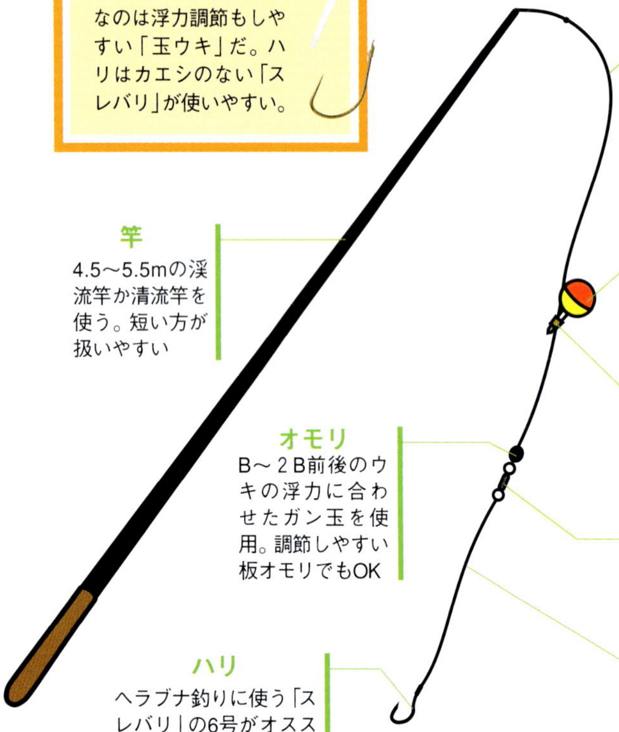

竿
4.5〜5.5mの渓流竿か清流竿を使う。短い方が扱いやすい

オモリ
B〜2B前後のウキの浮力に合わせたガン玉を使用。調節しやすい板オモリでもOK

ハリ
ヘラブナ釣りに使う「スレバリ」の6号がオススメ。魚を外しやすく、初心者にも扱いやすい

ミチイト
柔軟性のあるナイロンの1号がオススメ。0.6号〜0.8号のフロロカーボンなら潮の影響を受けにくい

ウキ
直径1.5cmほどの玉ウキを使う。玉ウキは価格も安く、アタリが見やすい

ウキゴム
玉ウキの軸の太さに合ったものを5〜6mmの長さにカットする

サルカン
8号ほどの小さなものを使う。ミチイトとハリスを繋ぐ

ハリス
ハリが付いたハリスを選ぶときは0.6〜0.8号のナイロン製のものを選び、20〜25cmにカットする

仕掛けの作り方

小学生でも作れる、固定ウキを使用したシンプルな仕掛けが魅力。細いハリスは小さな傷で切れてしまうので、マメに交換することが重要だ。ハリを無駄にしないためにも、結び方をしっかりマスターしておきたい。
（結び方はP30参照）

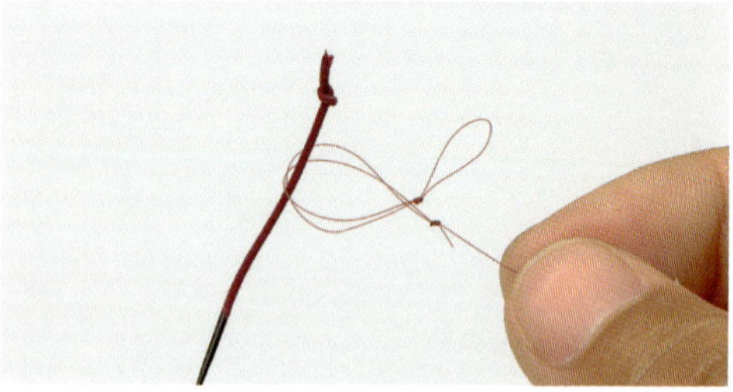

1 竿先にミチイトをセット
ノベ竿の先端には「リリアン」と呼ばれるヒモがある。そこにミチイトを結ぶ。

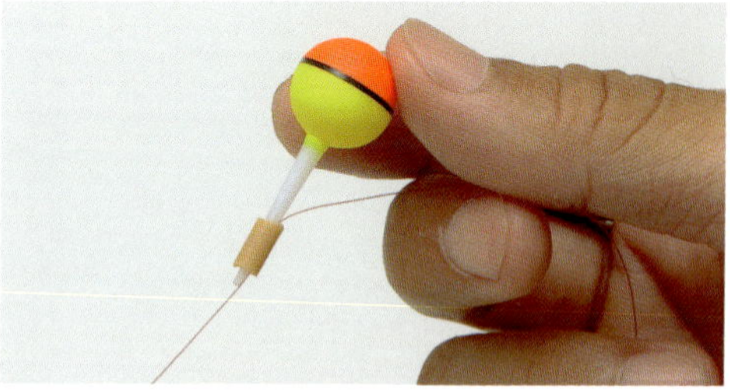

2 ミチイトにウキをセット
竿をのばし、竿の長さに合わせてミチイトをカットする。5mmほどにカットしたウキゴムを通し、ウキの軸を差し込む。

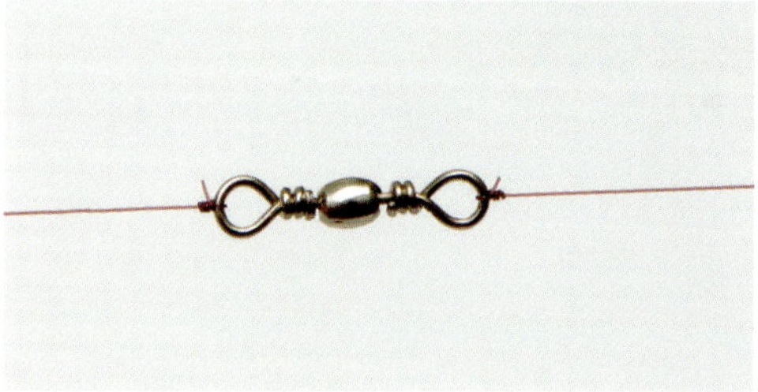

3 サルカンを結んでハリをセット
ミチイトの端にサルカンを結び、同じ結び方でサルカンの反対側にハリスを結ぶ。

4 オモリをセット
ガン玉の割れ目に糸を挟み、プライヤー（指や歯でもOK）などでしっかり締め付ける。

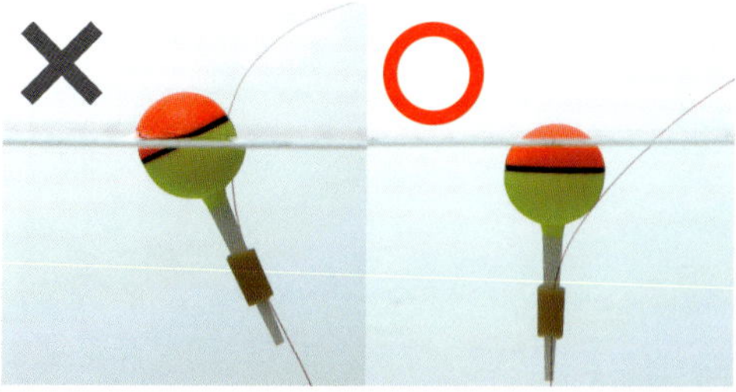

5 ウキの浮力調整をする
海に仕掛けを入れたときに、ウキが○写真の状態になるようにオモリを増やしたり、減らしたりする。✕写真ではオモリが軽すぎる。

STEP UP

板オモリなら調節が簡単！

板オモリは自由にカットでき、ウキの浮力調整がしやすい。ガン玉の方が手軽にセットできるが、慣れたら板オモリを使おう。

1 板オモリを台形にカットする。

2 ハサミの角で板オモリの角を曲げる。

3 2で曲げたところをラインに引っ掛けて巻く。

ウキ釣りのポイント

ノベ竿を使ったウキ釣りの場合、ラインの出し入れができない。また、仕掛けを操作できる範囲が足元周辺に限られるので、適度に潮が濁っていることも必須条件となる。

波が静かで低い堤防

内湾の堤防は、足場が低いため海面が近く、ノベ竿でも釣りやすい。波が静かなので、アタリも見やすく釣りやすいのだ。また、海底は砂地よりも変化のある岩盤があったり、海草が生えているようなところの方がいいことも覚えておこう。

湾内岸壁も狙い目

水深のある岸壁は、波が静かで狙いやすい。また、足元に魚が多く集まっていることも多いのだ。こういう場所では、上から見やすい玉ウキを使おう。

これでは釣れない！ NG！

海草がたくさんあるところや砂地でフラットなところはNG！

海草が海面を覆っているような場所は、仕掛けが引っ掛かって釣りにならない。また、フラットな砂地は、潮が流れないため魚が少ない場所が多い。どちらも避けたいポイントだ。

SPECIAL ADVICE

水コマセは必須

海水を満たしたコマセバケツに、冷凍コマセを入れる。溶けてきた上澄みを少しずつまいて魚を集める。

ウキ釣りのエサ選び

ウキ釣りのハリは小さめなので、オキアミよりも小型のアミエビがオススメ。また、海水で薄めたコマセも必須だ。

イソメ類

イソメ類の中でも、アオイソメがオススメ。チョン掛け（P23参照）するとエサの活きを損なわない。タラシは３～５cmが目安。

アミエビ

魚の反応がよいアミエビは、ノベ竿でのウキ釣りに欠かせない。しかし、エサの持ちがあまりよくないので、こまめに付けかえよう。

ウキ釣りの手順

ウキ釣りでは、とにかくコマセをマメにまいて魚の活性を上げることがポイントだ。コマセは１回にヒシャク3杯ほどが目安。これを30秒～１分間隔で繰り返す。

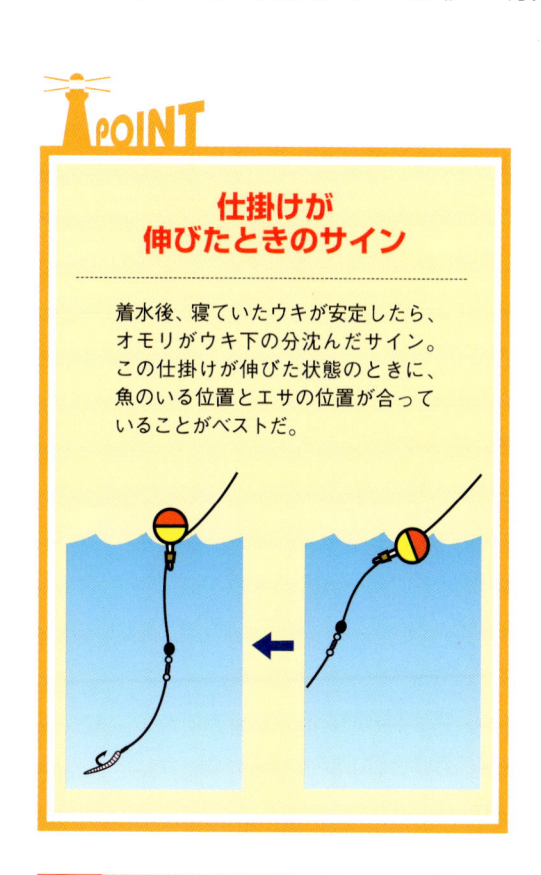

POINT

仕掛けが伸びたときのサイン

着水後、寝ていたウキが安定したら、オモリがウキ下の分沈んだサイン。この仕掛けが伸びた状態のときに、魚のいる位置とエサの位置が合っていることがベストだ。

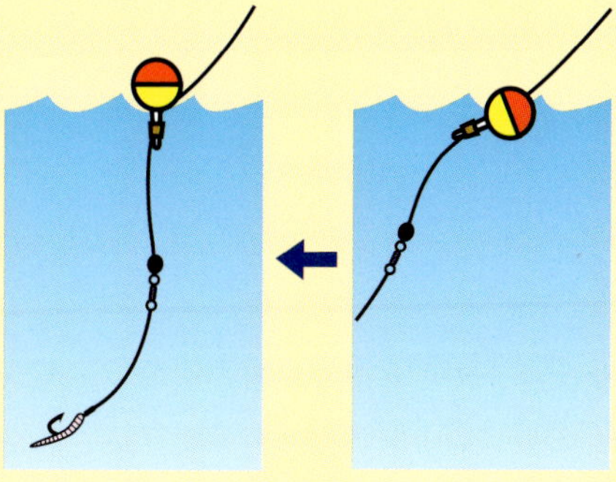

1 コマセをまいてポイントを確認

釣り座を整えたら水コマセを作り、足元に少しずつまく。魚たちが寄ってきたら、いよいよ釣りの開始。

2 仕掛けを投入

P26で紹介したノベ竿での投入方法で仕掛けを投入。水コマセを一定の間隔でまきながら釣ることがポイント。

LINK! チョン掛け▶P23、ノベ竿での投入方法▶P26

ウキ下を調節する

ウキ下はウキからエサまでの長さのこと。ウキ下は、魚がいるところに合わせて調節する必要があるが、最初からピッタリのところに調節するのはベテランでも至難の業。まずは中層を狙おう。

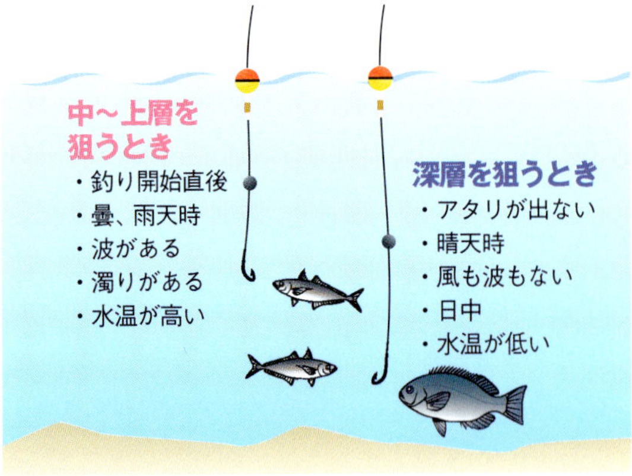

POINT

最初はウキ下1.5mから

とりあえず、最初は中層の1.5m前後にウキ下を調節しよう。釣り場の状況は常に変化するので、アタリが出なければ左の層の特徴を参考にしてウキ下を長くしたり、短くしてみよう。

アタリのパターンとアワセ

ビギナーにウキ釣りがオススメな理由のひとつが、アタリがわかりやすいこと。ウキのアタリにはいくつかのパターンがある。それぞれのアワセ方と一緒に覚えて、釣果を伸ばそう。

ウキが充分沈んでから、腕を使ってゆっくり竿を立ててアワセる。

ウキがジワジワと沈む

ウキがジワジワと沈むときは、メジナやウミタナゴ、メバルなどの可能性が高い。こうしたときは、10～20cmほどウキが沈むのを待ってゆっくり竿を立てる。

最初の１回は見逃す。次に明確なアタリを感じたときに手首のスナップを利用して軽く竿を立てる。

ウキがピョコピョコ動く

ウキがピョコピョコ上下したり、少しだけ沈むときにはアジやサヨリの可能性が高い。アワセ方は手首のスナップを利用して、軽く竿を立てる。

アタリでもタナがわかる

ウキ下が魚のタナに合っているかどうかは、アタリを見て判断できることがある。タナは常に変化しているので、マメにチェックしよう。

ウキが勢いよく沈むときはウキ下を少し長くする

最初はウキ下1.5mに調整して始めるが、エサが魚のいるタナより上にある場合、魚がエサを食べようと下から上がってきてまた戻ろうとするため、ウキが勢いよく沈む。そんなときは、ウキ下を少し長くする。逆に、ウキ下が長すぎると仕掛けが沈む途中でエサを食われることが多くなる。

ノベ竿で魚を上げるコツ

ノベ竿は、竿を立てて竿の弾力を活かして魚を上げる。竿を寝かせているとラインだけで魚と綱引きすることになってしまい、ラインを切られる原因になるのだ。

1　アタリがあったらアワセをする

ウキでアタリを確認したら、まずは竿を軽く立ててアワセを入れる。ここで魚がハリ掛かりする。

2　腕を曲げて竿を立てる

腕を曲げて、竿をまっすぐ立てる。竿を持たない方の手でハリスか魚をつかむ。

POINT

不安なら玉網《たも》を使う

大物が釣れたときや、ノベ竿で魚を上げるのが不安なときは玉網を使う。海面に半分ほど玉網を入れて、魚を迎え入れるのがコツ。玉網で魚を追っかけないように。

引きが強烈な メジナ

最大で50cm超になる魚だが、堤防でも30cm級なら期待できる。秋口には20cm前後の小メジナが数多く釣れて楽しめる。

狙えるポイント　根や海草が点在する、潮通しのいい場所が狙い目。テトラポッドが入っている場所も、メジナのマンションになっていることが多い。

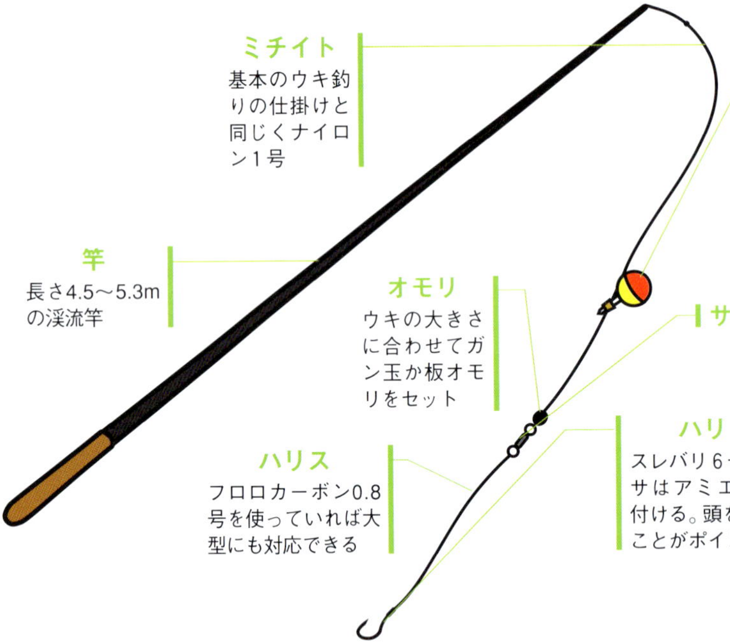
ウキ
ウキはウキゴムで固定する。玉ウキを使用
サルカン
スレバリ6号。エサはアミエビを付ける。頭を残すことがポイント

引きの強いメジナをノベ竿で上げるときは、しっかり引きに耐え、引きが弱まったら一気に上げよう。

メジナのあげ方

姿勢を低くして引きに耐える
メジナは障害物に逃げこもうとするので、写真のように姿勢を低くし、竿とミチイトの角度を90度に保ちつつ耐える。

竿を上げて魚を上げる
引きが弱くなったら、竿を立てて魚を浮かせる。魚を水面まで引き上げたら、一度落ち着かせて、竿の弾力を使って抜き上げる。

防波堤の人気者 アジ

夏から秋にかけて20cm前後のものが釣れる回遊魚。小さくてもよく引き、食べても美味しい、ビギナーに最適のターゲットだ。

狙えるポイント　潮通しのよい堤防の先端や護岸がポイント。日中は沖にいて、朝夕に岸近くに寄ってくる。この時間帯を集中して狙おう。

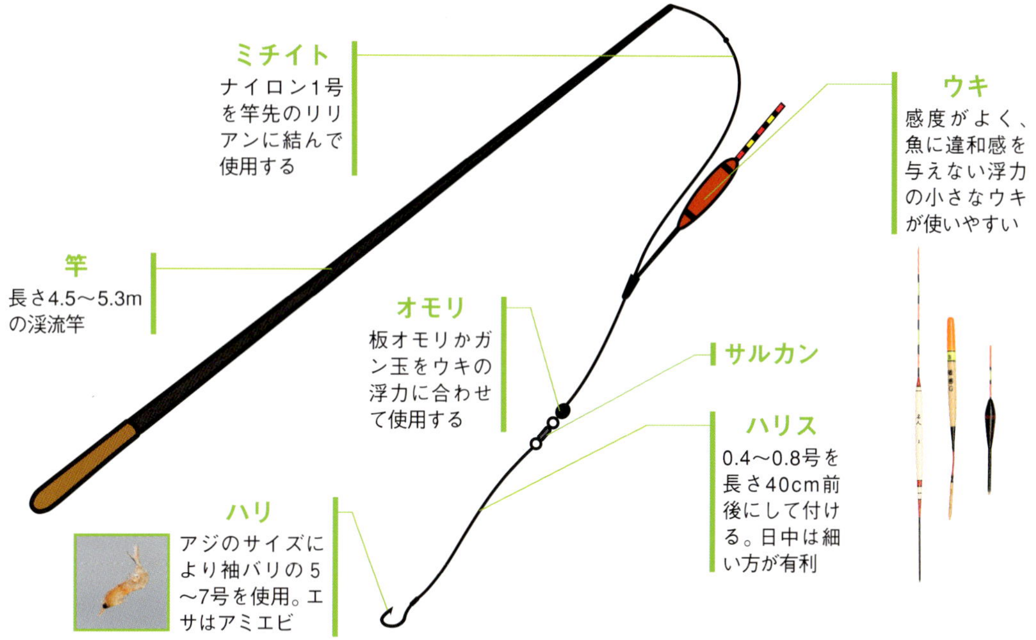
ミチイト
ナイロン1号を竿先のリリアンに結んで使用する
ウキ
感度がよく、魚に違和感を与えない浮力の小さなウキが使いやすい
竿
長さ4.5〜5.3mの渓流竿
オモリ
板オモリかガン玉をウキの浮力に合わせて使用する
サルカン
ハリス
0.4〜0.8号を長さ40cm前後にして付ける。日中は細い方が有利
ハリ
アジのサイズにより袖バリの5〜7号を使用。エサはアミエビ

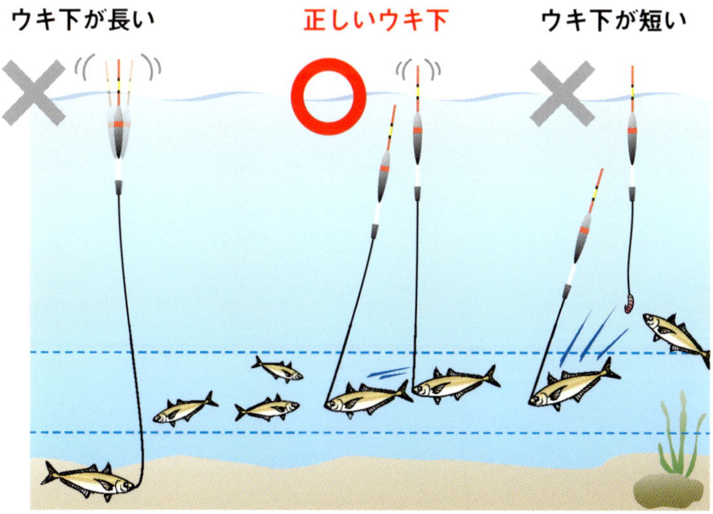
ウキ下が長い
正しいウキ下
ウキ下が短い

ウキ下の調整方法

ウキ下5cmの違いが釣果を左右する！

アジは群れで動く。周囲の人が釣れているのに、自分だけ釣れていないときはウキ下を5cm単位で調整してタナを探る。ウキ下が正しいと、小さな前触れの後で静かにウキが消し込む。いきなりウキが消し込むのは、ウキ下が短かすぎる。また、小さなアタリだけでハリに掛からないのはウキ下が長すぎる場合が多い。

ウキ釣りを覚えるには最適 ウミタナゴ

早春～初夏にかけて、産卵前の荒食いに入る。30cm以下の小型魚だが、引きが強くて楽しめる。

狙えるポイント　海草が多い沈み根や障害物のまわりがポイント。メジナよりも波が静かで流れのゆるい場所がポイントになる。

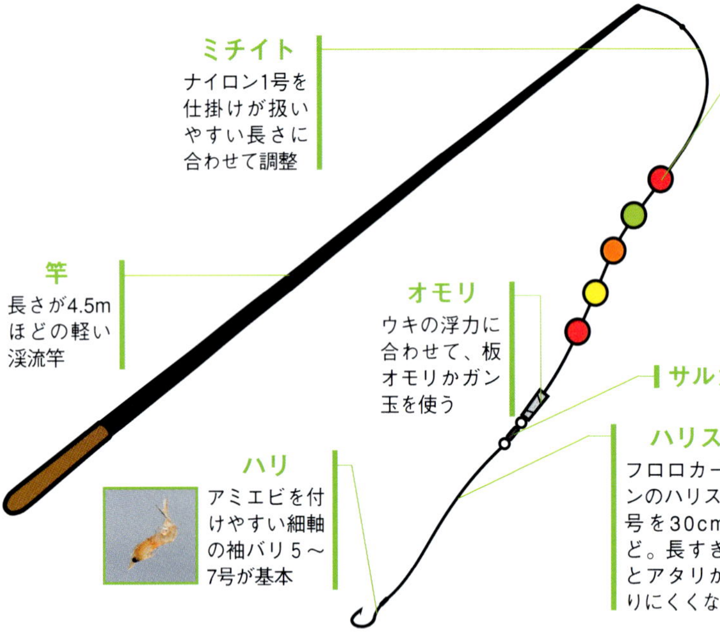

ミチイト
ナイロン1号を仕掛けが扱いやすい長さに合わせて調整

竿
長さが4.5mほどの軽い渓流竿

オモリ
ウキの浮力に合わせて、板オモリかガン玉を使う

サルカン

ハリ
アミエビを付けやすい細軸の袖バリ5～7号が基本

ハリス
フロロカーボンのハリス0.6号を30cmほど。長すぎるとアタリが取りにくくなる

ウキ
シモリウキを3～5個使う。ウキを止めるときは、マッチ棒の軸を使う

［ シモリウキの止め方 ］

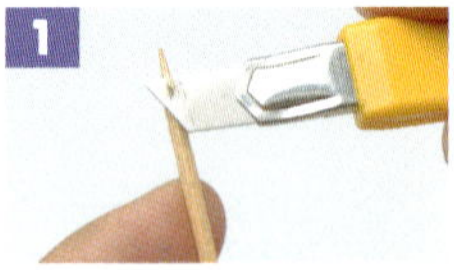

1 マッチ棒の軸の先をカッターで削る。

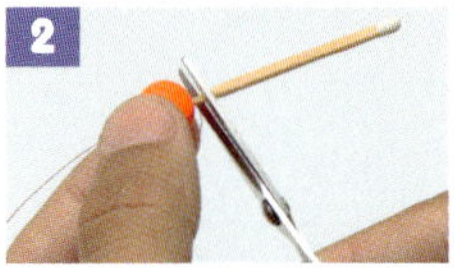

2 ミチイトを通し、軸を差し込んで余分な部分をカット。

＊カッターを使用するときは、刃先に注意。

アタリのパターン

パターン③
ウキが消し込む
エサを飲み込んで反転したときのアタリ。一番わかりやすい。

パターン②
ウキが水面に浮く
エサをくわえて、上に向かい泳いでいるとウキが水面に浮く。

パターン①
ウキが揺れる
エサをくわえて、動かないで飲み込むと微妙なアタリになる。

POINT

シモリウキの浮力調整

シモリウキの場合、写真のように2～3個のウキが浮くようにオモリの重さを調整するのが基本となる。

ベテランたちも熱狂する ハゼ

夏～初秋に浅場で育ち、数釣りが楽しめる。サイズは10cm前後だがアタリが絶妙で釣趣《ちょうしゅ》が深い魚だ。

狙えるポイント　夏は河口などの砂泥底で水深が１ｍ以内の浅場。秋口には、水深のある港内の船溜まりや船道の斜面が狙い目となる。

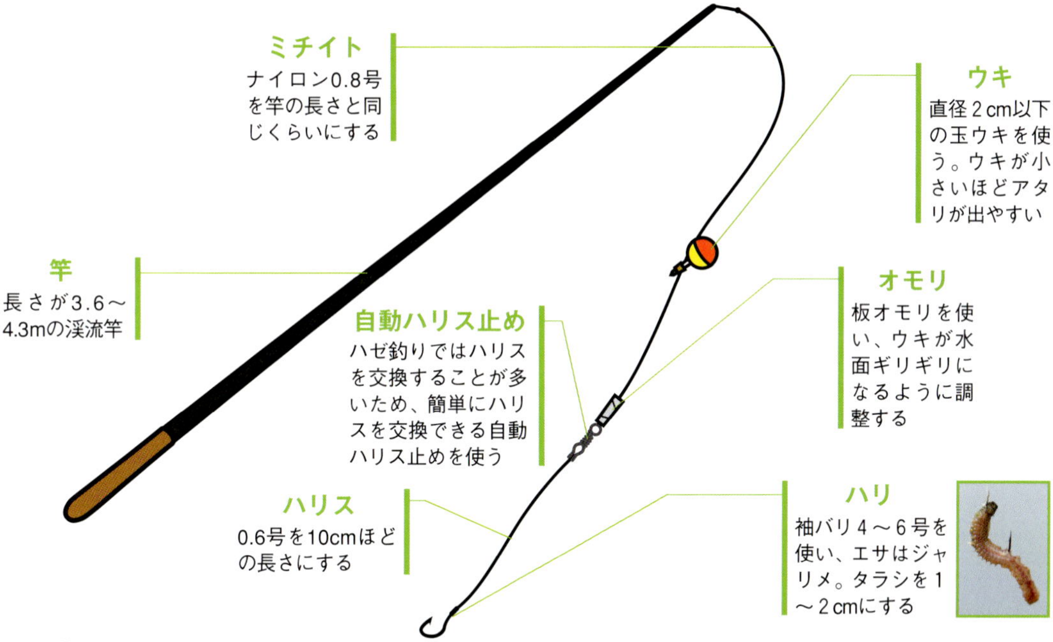

ミチイト
ナイロン0.8号を竿の長さと同じくらいにする
ウキ
直径２cm以下の玉ウキを使う。ウキが小さいほどアタリが出やすい
竿
長さが3.6～4.3mの渓流竿
オモリ
板オモリを使い、ウキが水面ギリギリになるように調整する
自動ハリス止め
ハゼ釣りではハリスを交換することが多いため、簡単にハリスを交換できる自動ハリス止めを使う
ハリス
0.6号を10cmほどの長さにする
ハリ
袖バリ４～６号を使い、エサはジャリメ。タラシを１～２cmにする

SPECIAL ADVICE アワセはすばやく！

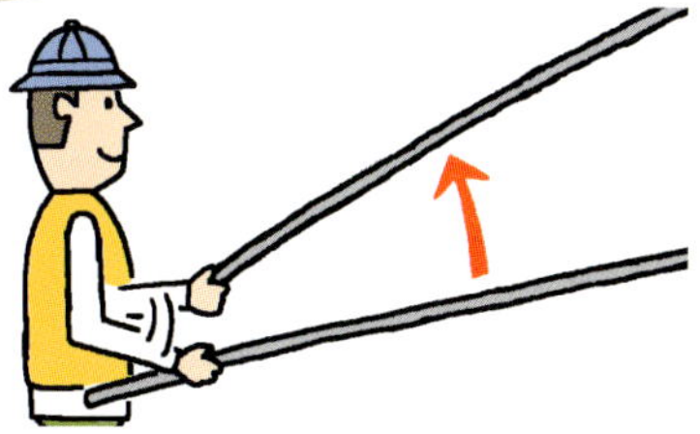

ウキが上下したり、消し込んだらすばやく竿を立ててアワセをする。アワセが遅れるとハリを飲み込まれてしまう。

アタリを取るコツ

ウキ下を水深よりも長くして、ハリスが底を這うようにする。干満で水位が変わるので、それに合わせて調整しよう。

ハゼは群れで移動する。一匹釣れたら同じポイントを狙おう。

チョイ投げよりもさらに遠くのポイントを狙う

大きなオモリを使える投げ竿とリールを使えば、誰でも50〜70m沖のポイントを狙える。チョイ投げよりも大物の確率も高く、釣りの魅力がさらに広がる。

投げ釣りで狙える魚

- カレイ(P60)
- イシモチ(P62)
- カワハギ(P63)
- アイナメ
- シロギス など

投げ釣りの仕掛け

投げ釣りでは、キャストするときに仕掛けがからまないように、オモリにテンビンを使用する。また、竿もオモリの重さに耐えられるものを選ぼう。

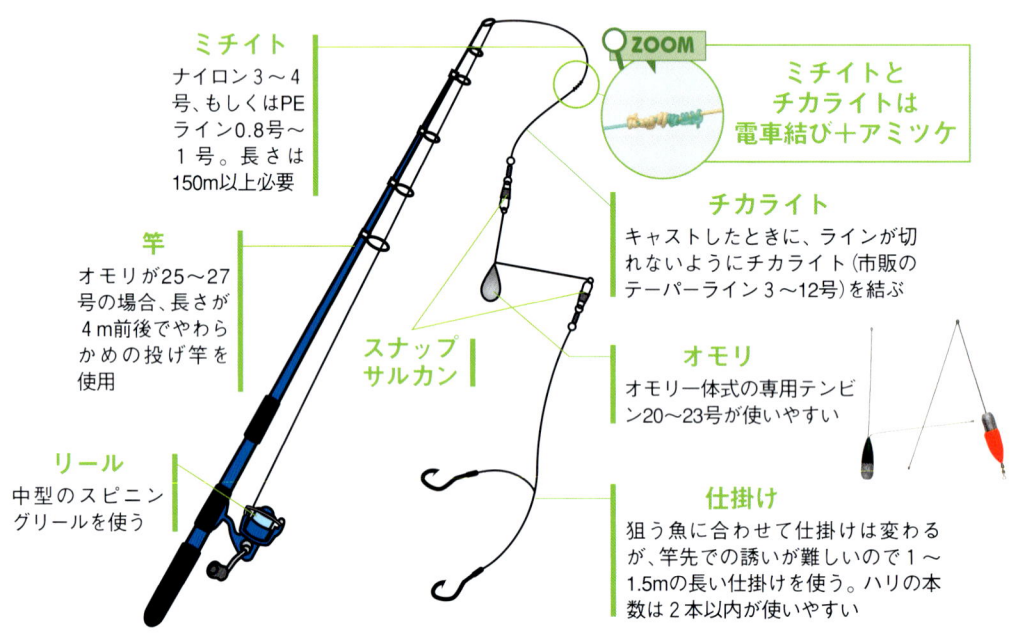

ミチイト
ナイロン3〜4号、もしくはPEライン0.8号〜1号。長さは150m以上必要

竿
オモリが25〜27号の場合、長さが4m前後でやわらかめの投げ竿を使用

リール
中型のスピニングリールを使う

スナップサルカン

ミチイトとチカライトは電車結び+アミツケ

チカライト
キャストしたときに、ラインが切れないようにチカライト(市販のテーパーライン3〜12号)を結ぶ

オモリ
オモリ一体式の専用テンビン20〜23号が使いやすい

仕掛け
狙う魚に合わせて仕掛けは変わるが、竿先での誘いが難しいので1〜1.5mの長い仕掛けを使う。ハリの本数は2本以内が使いやすい

電車結びにアミツケをする

ミチイトとチカライトを結ぶときは、強度を上げるために電車結びにひと手間加える。

1
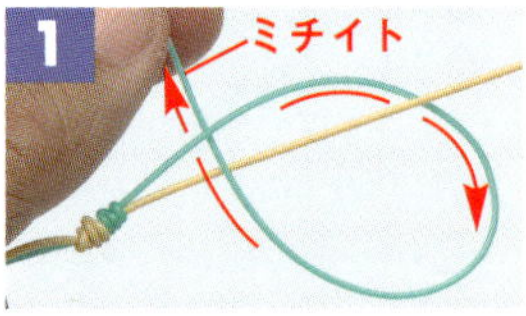

電車結び(P31参照)をしたミチイトの端をチカライトの下から上にからめる。

2
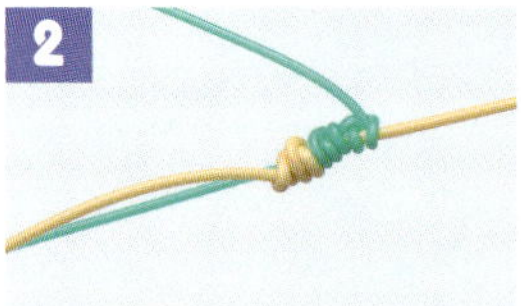
ミチイトの端を強く引っ張り、次に上から下にからめる。これを交互に3〜4回繰り返す。

3
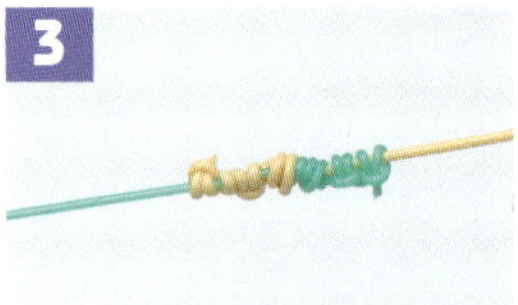
チカライトも1、2と同様にミチイトにからめて完成。

投げ釣り仕掛けの作り方

投げ釣りでは、竿や仕掛けのセットをしっかりしていないとキャストするときにケガをすることもある。竿を伸ばすとき、ガイドが揃っていないとトラブルの原因になるので注意しよう。

1 ガイドにミチイトを通す
リールのベイルを返し、ミチイトをガイドに通す。先端になるほどガイドが小さくなるので通す場所を間違えないように。

2 チカライトを結んでテンビンをセット
ミチイトにチカライトを結び、テンビンをセットする。テンビンを結ぶときは、銀色のオモリ部分が下になるようにする。

3 竿を伸ばす
ガイドの中心が直線状に並ぶように竿を伸ばす。写真のようにガイドを上向きにして伸ばすとガイドが見やすく、間違いにくい。

4 仕掛けをセット
仕掛けに付いているスナップサルカンをテンビンに繋ぎ、仕掛けを伸ばす。そのとき、仕掛けを軽く引っ張り、イトグセを取る。

仕掛けを自作するときは

投げ釣りの仕掛けは全長1～1.5mが目安。1～3号のナイロンラインを幹イトに使用し、そこにナイロン1号の枝ハリスを付ける。枝ハリスは2～3cmを目安に。

1

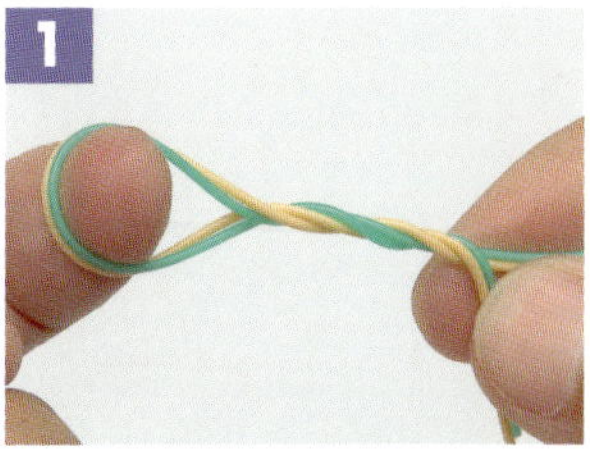

ハリスと幹イトを重ねて輪を作る。輪に指を入れて2回ねじる。

2

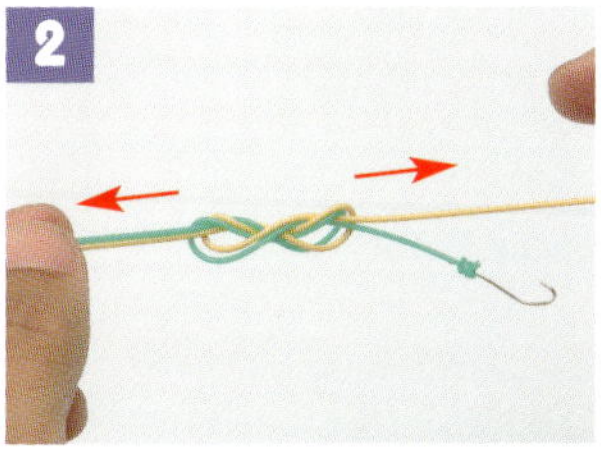

輪の中にハリスと幹イトの先端を通してゆっくり引き締める。

3

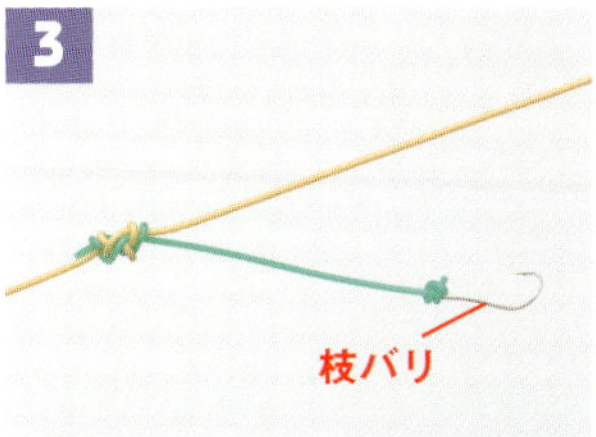

引き締めたときに、枝バリのハリ先がオモリ側を向くようにする。

LINK! 電車結び ▶ P31

投げ釣りのポイント

沖を狙える投げ釣りは、飛距離次第でどこでもポイントになる。しかし、それでも魚が集まりやすい場所を狙う方が有利。まずは、ここで紹介するような場所を目安に挑戦してみよう。

河川や水路の流れ出し

大規模河川の河口や水路の流れ出しは、エサになるものが豊富で魚が集まる。チョイ投げでは狙えないような沖のポイントも狙えるのだ。

大堤防の先端や小突堤の先端

堤防の先端部は、潮通しがよく、人工的に作られた船道など海底の変化が射程距離に入りやすい。全国共通の好ポイントである。

これでは釣れない！ NG！

- **浅い岩礁帯《がんしょうたい》に囲まれた場所**
- **竿を振るスペースがない**

投げ釣りの特徴は、なんといっても仕掛けを遠くに飛ばせること。したがって、竿を振りかぶることのできない場所では、たとえ釣り座をとっても威力は半減してしまう。また、仕掛けを投げることができても、極端に浅い岩礁帯に囲まれた場所では、投げた仕掛けを回収できないため釣りが成立しない。

投げ釣りのエサ

投げ釣りのエサは、投げの衝撃に耐えられることが前提だ。そのため、イソメ類が多用される。小さく切って使うことが多いので、他の釣りと比較して、エサ代が安くすむという利点もある。

POINT

やわらかいエサは外れやすい！

イソメ類は、頭に近いほど丈夫だが食いが悪い。尾に近いほど使いにくいが、やわらかくて食いがよくなる。食いが悪い日は、尾部を生かす1尾付けがオススメ。オキアミなどのやわらかいエサは、ハリから取れやすくなる。

イソメ類

イソメ類は、水の色や魚の種類によって、使い分けることが重要だ。万能に近いのは、丈夫なアオイソメ。外洋のキスにはジャリメ。根魚や大物には、集魚効果の高いイワイソメがよく使われる。

アオイソメ

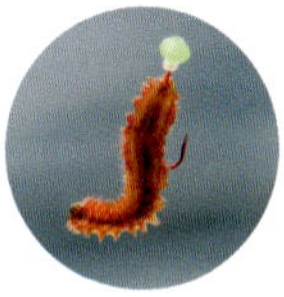

ジャリメ

イワイソメ

投げ釣りとチョイ投げの違い

同じようなエサを使って仕掛けを投げる釣り方でも、投げ釣りとチョイ投げでは、考え方が異なる部分もあれば共通点も少なくない。ここでは、そんな違いと共通点をまとめてみよう。

比較項目 ＼ 釣り方	投げ釣り	チョイ投げ
ターゲット	**アイナメ／イシモチ／カレイ／カワハギ／シロギス／ベラ　など** どちらも、海底付近を泳ぐ魚がターゲットとなる。	
タックル	オモリ負荷27号ぐらいまでの長さ4m前後の専用竿とリール	オモリ負荷10号前後の長さ2m前後の竿。やわらかい方が有利
仕掛け	竿先での誘いが難しいため、長さ1.5m以上の仕掛けを使う	オモリが10号以下なので、50cm以下の短い仕掛けでも釣れる
ポイント	比較的根掛かりが少ない場所で、堤防から50m以上の沖	オモリが軽いので、根掛かりの多い場所でも攻めることが可能
テクニック	チョイ投げと比べて広範囲を狙える。大きなオモリで仕掛けを止めて待つこともある	仕掛けを積極的に動かして、狭いポイントも見逃さずに探ることができる

時合いの見極めが重要な カレイ

日本沿岸では種類も多いが、堤防から釣れるのは、マコガレイとイシガレイだ。エリアによっては40cm級の大物も期待できる。

狙えるポイント　マコガレイは、やわらかい砂泥底を好む。イシガレイは、砂利まじりのかたい砂底を好む。どちらもエサが集まる海底の変化を狙う。

竿
オモリの負荷が25～27号で、長さが４ｍほどの投げ竿

リール
使用ラインが150mほど巻ける中型スピニングリール

ミチイト
飛距離が目でわかる、色分けされたナイロンの3号以上かPEラインの1.5号を使う

スナップサルカン

オモリ
流れや水深にあわせて20～25号のテンビンを使う

仕掛け
カレイは市販の仕掛けも多くある。ハリスは3号ほど、ハリは流線の12～14号のものがよい

POINT

イワイソメとアオイソメの併用が効果的

仕掛けを止めて待つカレイ釣りでは、魚を寄せるためにエサをアピールする。匂いの強いイワイソメをハリスに通し、動きのいいアオイソメを3～4尾掛けると、大物には効果的。

派手なハリでアピール

カレイは、派手な色のハリやビーズを好む習性がある。色付きのカラー針や、各種のビーズを装備した仕掛けを使ってカレイにアピールしよう。

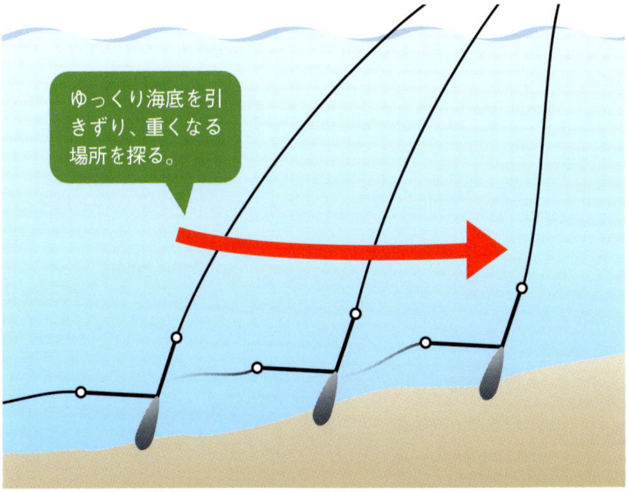
ゆっくり海底を引きずり、重くなる場所を探る。

誘いを入れて釣る

カレイは、エサを見てもすぐには飛びつかない。オモリを引いて海底の変化を探り、そこで止めて待つ。これが魚への誘いになる。

1 仕掛けをサビく
オモリが海底を離れないように、ゆっくり引きずって、竿が重くなる場所を探す。このときの仕掛けの動きと、オモリが作る砂煙がカレイを寄せる。

2 仕掛けを止める
エサを見つけてもすぐには食わないのでラインを軽く張り、オモリを止める。なお、1度釣れた場所は、再度釣れる確率が高い。

SPECIAL ADVICE

5分以上竿を置きっぱなしにしない！

カレイのポイントはヒトデが多く、エサに食いつくことが非常に多い。竿を置くのは5分を目安にして、仕掛けを動かしたい。

STEP UP

竿を2本にして効率的に釣る

カレイは、アタリが多い魚とはいえない。そのため、竿を2本ほど使って遠近投げ分けて海底を探ると効率がよい。実績のある場所は、アタリがあると短時間に連発するので粘ってみることも重要だ。

ファイトが強烈な イシモチ

イシモチとは、内湾に住むシログチと外洋に住むニベの2種類の総称だ。砂地に棲息し、体長は20〜30cm。

狙えるポイント　潮通しのよい海岸や河口域に多い。夜行性だが、潮が濁っていれば日中でも接岸する。群れで動くので、数で釣れることが多い。

吹き流し式

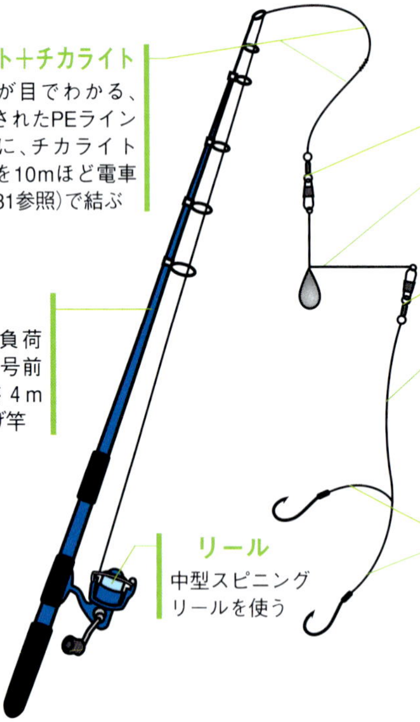

ミチイト＋チカライト
飛距離が目でわかる、色分けされたPEラインの1号に、チカライトの5号を10mほど電車結び（P31参照）で結ぶ

竿
オモリの負荷が20〜27号前後で、長さ4mほどの投げ竿

リール
中型スピニングリールを使う

スナップサルカン

オモリ
15〜25号のテンビンを使う

スナップサルカン

幹イト
フロロカーボンの3〜5号で長さは1m前後

ハリス＋ハリ
ハリスの3号を5〜7cmの長さにして幹イトに結ぶ。ハリは丸セイゴの10〜15号を使う

胴付き式

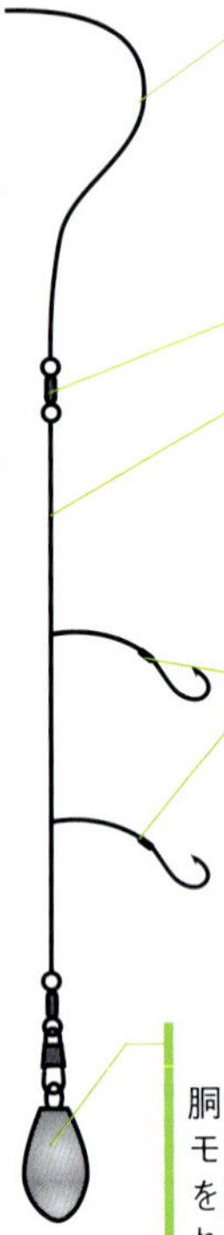

ミチイト
吹き流し式と同じ、PEラインの1号

サルカン

幹イト
ナイロンの10号で長さは50〜60cm

ハリス＋ハリ
ハリスの3〜4号を各10cmにして幹イトに結ぶ。ハリは丸セイゴ10〜12号

オモリ
胴付き用のオモリ15〜25号を飛距離や流れの強さで使い分ける

エサはたっぷり付ける

イシモチは、大きなエサほど食いがよい。エサはできるだけ大きく見えるように、イソメ類は1尾を半分にカットしてハリスまで通してから、残った半分をハリ先にチョン掛け（P23参照）する。

POINT 仕掛けを使い分ける

波が穏やかな状況では、食い込みのよい吹き流し式が有利。しかし、波の荒い外洋部では、仕掛けがからまって釣りにならない日もある。そんなときは、魚も浮いているので胴付き式を使ってみよう。

堤防からも狙える カワハギ

船釣りの人気者だが、春秋には岸近くに寄ってくるため投げ釣りでも釣れる。想像以上の引きの強さが魅力のひとつ。

狙えるポイント　水深があり、低い海草や障害物の点在する砂底が狙いやすい。そのポイントに沿って回遊しているので、海底をよく観察しよう。

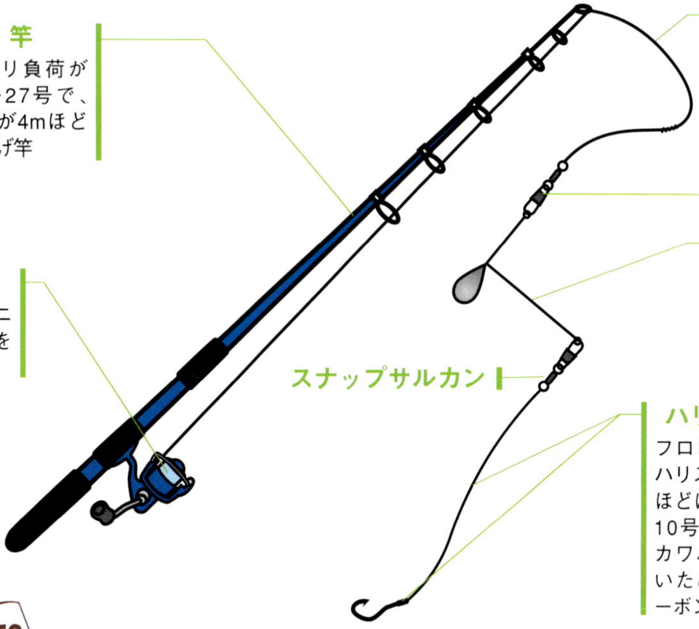

竿
オモリ負荷が25～27号で、長さが4mほどの投げ竿
リール
中型のスピニングリールを使う
ミチイト
PEラインの1号にチカライトのPEライン5号を10mほど電車結び（P31参照）で結ぶ
スナップサルカン
オモリ
テンビンオモリの20～23号を使う
スナップサルカン
ハリス＋ハリ
フロロカーボンのハリス2～3号40cmほどに、流線の7～10号の針を結ぶ。カワハギは歯が鋭いため、フロロカーボンを使う

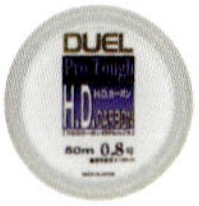

DUEL

STEP UP

エサ取り対策！エサのタラシを調整する

カワハギは「エサ取り名人」と呼ばれるほど、ハリを避けてエサを取るのが上手な魚だ。そのため、タラシは通常で5mmまでが基本。しかし、魚の食いが悪いときは集魚効果が低いので、エサを食わせるつもりでタラシを3cmまで長くしてやると、アタリの数が違ってくる。

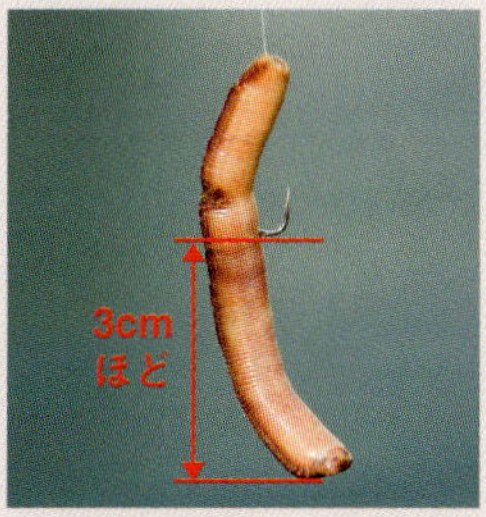

3cm
ほど

タラシ3cmほど
魚の食いが悪いときには、エサを大きくして魚へのアピールを強くする。

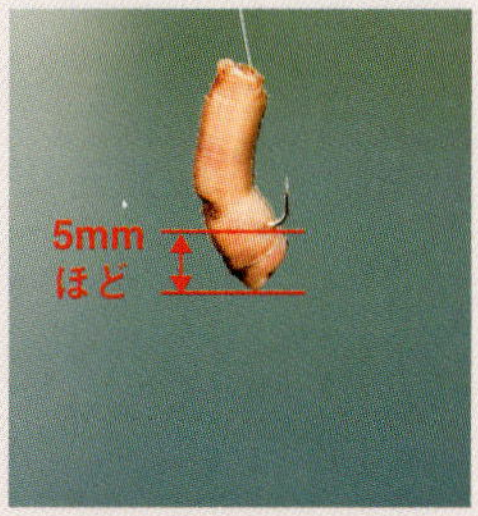

5mm
ほど

タラシ5mmほど
すぐにハリ掛かりする付け方がカワハギでは定番。エサはイワイソメが有利。

LINK! 電車結び ▶P31、チョン掛け ▶P23

エサいらずの簡単ルアー

エサを使わず ルアーを引くだけ

ルアーを投げて、沈めて、巻いてくれば、魚の方から食い付いてくる。ルアーの種類を使い分ければ、決して難しくはない釣り方なのだ。

ルアーで狙える魚

- メバル(P69)
- ムラソイ(P70)
- サバ(P71)
- イシモチ
- ソウダガツオ
- スズキ（シーバス）など

ルアーで釣れるポイント

ルアーで釣れる魚は、エサとなる小魚や甲殻類が多い場所にいる。小魚の群れがいる場所を探し、潮の流れが変化している場所を狙おう。

堤防や岸壁

堤防の先端や護岸の角は、潮の流れが変化してエサとなる小魚が集まりやすい。潮が動く時間帯に大物が回遊してくる。

ゴロタ場

石と石との隙間にワームを垂らすと、ムラソイ(P70参照)やカサゴなどが釣れることがある。足場に注意すればビギナーでも楽しめる。

ルアーの種類

ルアーは、投げて巻くときのスピードによって、水中で泳ぐ深さがタイプによって大きく違う。まずは、基本となる3種類のルアーを知っておこう。

ソフトルアー

1～3gのジグヘッド(フック付きのオモリ)にワームを付けて使う。メバル、ムラソイ、アジなどを狙える。

メタルジグ

よく飛び、はやく沈む万能ルアー。岸釣りでは魚種によって、3～30gまでの重さを使い分けて狙う。

ミノー

沈むタイプと浮くタイプとがある。一定の層を引けるルアーで、3～9cmの各種を使い分ける。

ルアーと一緒に揃えたい道具

大切なのは、どんなルアーでも投げやすいバランスの取れた竿とリール、ラインを使うこと。ルアーの道具は他の釣り方にも応用できるので1本あると便利だ。

8フィートのエギング用

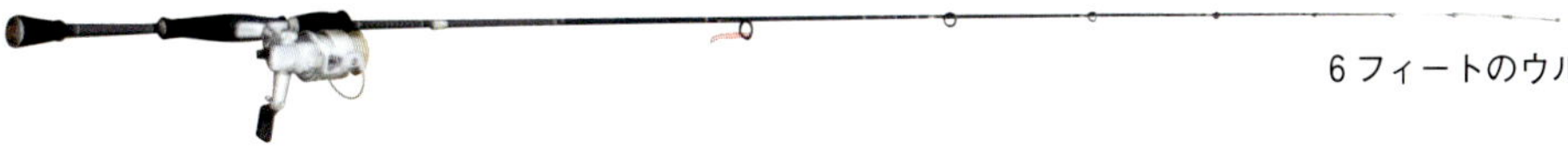

6フィートのウルトラライト

7フィートのライトアクション

ドラグノブ付きリール

ドラグノブ付きで3号のラインが100～150m巻けるもの。実売価格3,000円ほどでも、条件を満たしているものが多い。

ライン

ナイロン4～8ポンドか、PEラインの0.6～1号を使用する

ルアーロッド

8フィートのエギング用、7フィートのライトアクション、6フィートのウルトラライトの3本があれば完璧。万能の1本を選ぶなら、6フィートほどのバス用ロッドがオススメ。

ルアーの仕掛け

ライン先のショックリーダーにルアーを結ぶシンプルな構造。それだけに、使うルアーにあった竿を選びたい。また、投げ続ける釣り方なので、リールもできるだけ軽量なものを選びたい。

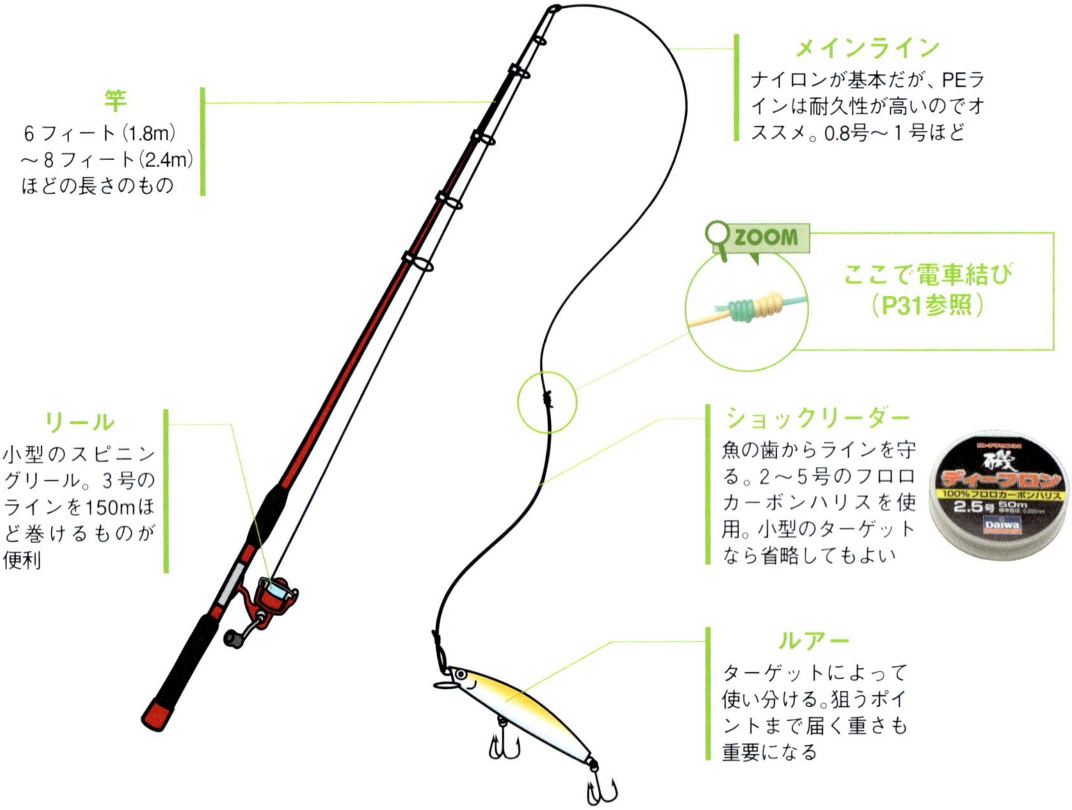

竿
6フィート(1.8m)～8フィート(2.4m)ほどの長さのもの
メインライン
ナイロンが基本だが、PEラインは耐久性が高いのでオススメ。0.8号～1号ほど
ZOOM
ここで電車結び(P31参照)
リール
小型のスピニングリール。3号のラインを150mほど巻けるものが便利
ショックリーダー
魚の歯からラインを守る。2～5号のフロロカーボンハリスを使用。小型のターゲットなら省略してもよい
ディーフロン
100%フロロカーボンハリス
2.5号 50m
Daiwa
ルアー
ターゲットによって使い分ける。狙うポイントまで届く重さも重要になる

リールのドラグノブ調整

ドラグノブ

スプールにあるドラグノブを調整し、片手で強く引くとラインが出るようにしておく。これで、強い引きに直面してもラインが切られることはない。

POINT

スナップを利用すればルアーの交換が簡単

スナップ

ショックリーダーにスナップを付けておけば、様々なルアーを使い分けるときに交換がすばやくできる。できるだけ小型で軽量なものを使いたい。

ルアーとラインの結び方

ミノーやメタルジグといった「泳がせる」ルアーをショックリーダーに結ぶときには、ルアーの動きを妨げないフリーノットが効果的。結び目のループは1cm以下にするとからみにくい。

1 ラインをラインアイに通す
先端から20cmほどのところに結び目の輪を作り、ラインの先端をラインアイに通す。

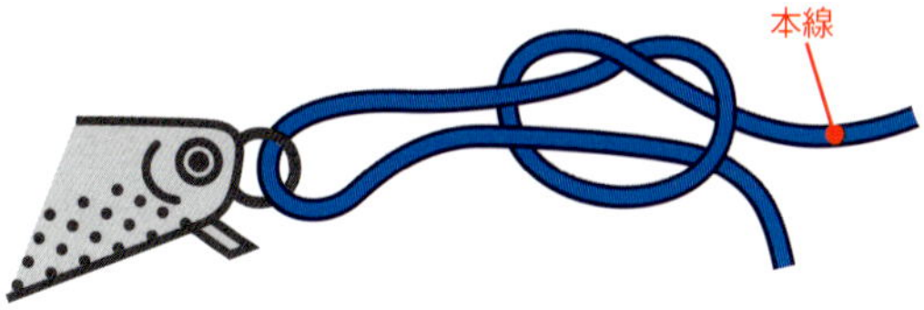

2 ライン先端を輪に通す
ラインの先端を結び目の輪の中に折り返し、ラインの本線と同じ側に出るように通す。

3 ラインを本線にからめる
ラインの本線を軽く張りながら、ラインの先端を本線に巻き付けていく。

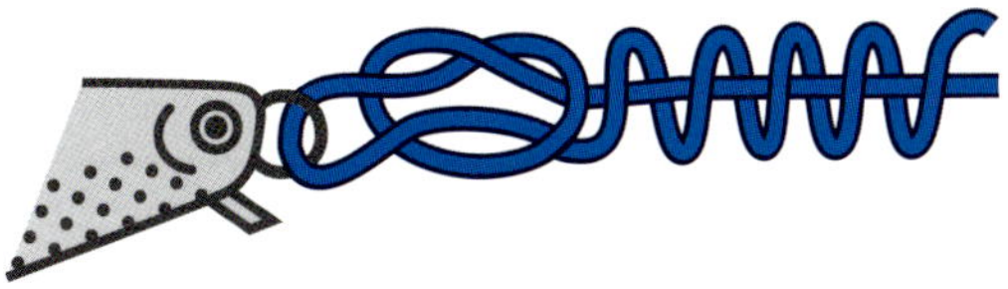

4 5回ほど巻き付ける
巻き付ける回数は5回が目安。4回以下だと、結び目の強度が弱くなるので注意。

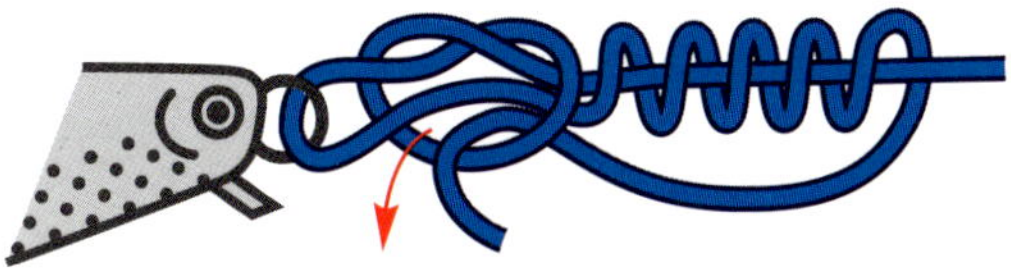

5 ライン先端を輪に通す
輪の中にラインの先端を通す。このとき、最初に先端を通した側に出す。

6 本線をゆっくり引っ張る
先端を通した輪をつまみ、本線をゆっくり引っ張って結び目を崩さないように締める。

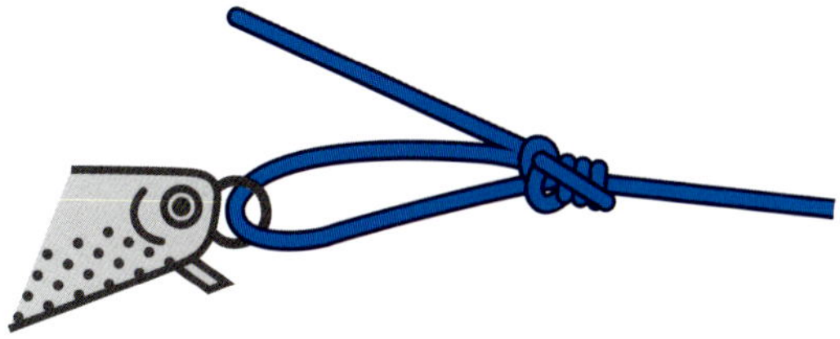

7 結び目を引き締める
本線とルアーを持って締め込む。結び目が完全に動かなくなるまで締め込むこと。

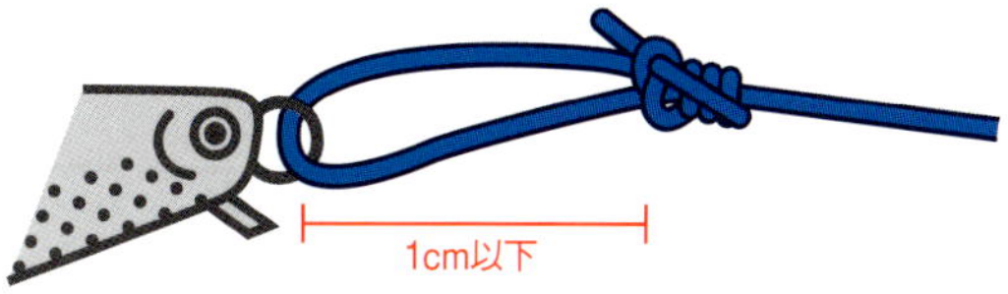

8 余分な部分をカット
ラインの先端を結び目ギリギリでカットして完成。ループは1cm以下に仕上げる。

LINK! 電車結び ▶ P31

ルアーを投げて巻くだけ！
いろんな魚に挑戦しよう

「ルアー」とは「誘惑するもの」という意味がある。水流をうけて小魚やエビなどの動きを模倣して、魚を誘惑してくれる。難しく考えず、ルアーを投げてリールを巻くだけでOKだ。

ルアーの釣り方・狙える魚

ルアーの釣り方

ルアーの釣り方は「投げて、沈めて、動かす」ことに尽きる。基本の基本は、一定の速度でリールを巻くこと。まずは、これをマスターしていこう。

1 オーバーハンドでキャスト
まっすぐ狙ったところに投げられるように、オーバーハンドキャストで、ポイントまでルアーを飛ばす。

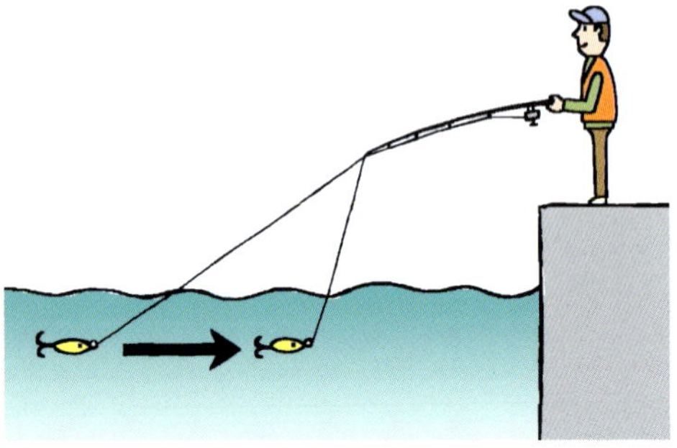

2 一定の速度で引く
ルアーを狙う深さに沈め、一定の速度で巻く。ハンドルを軽く持ち、竿がぶれないように力を抜いて巻く。

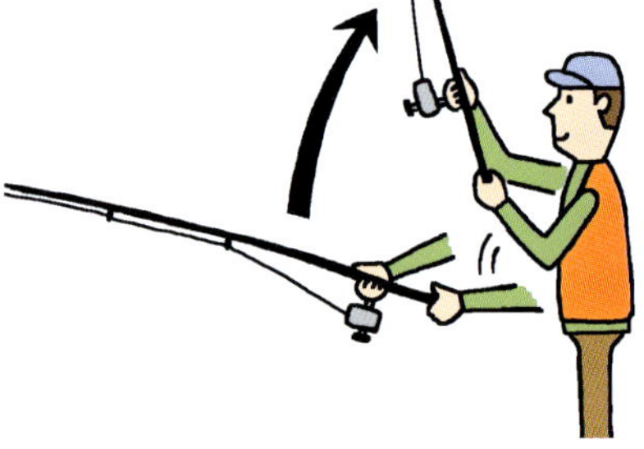

3 竿を立てる
アタリを感じたらリールを３～４回強く巻きつつ、大きく竿を立てて、ルアーのフックをしっかり魚に掛ける。

ルアーの好ターゲット メバル

体長は20cm前後だが、引きが強くて人気がある。1年中狙えるが、晩秋～春が特に活発になるシーズンだ。

狙えるポイント　日中は海草やテトラポッドに隠れているが、夜には中層～表層まで活発に泳ぎ回る。波の穏やかな湾内や、港の港内にも多い。

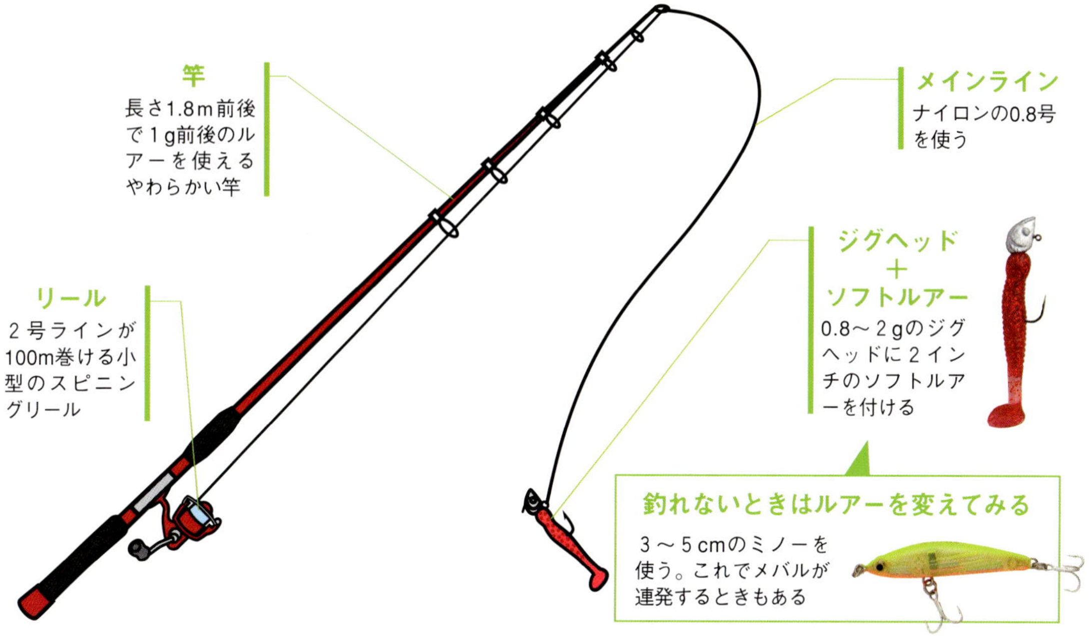

竿
長さ1.8m前後で1g前後のルアーを使えるやわらかい竿
リール
2号ラインが100m巻ける小型のスピニングリール
メインライン
ナイロンの0.8号を使う
ジグヘッド＋ソフトルアー
0.8～2gのジグヘッドに2インチのソフトルアーを付ける
釣れないときはルアーを変えてみる
3～5cmのミノーを使う。これでメバルが連発するときもある

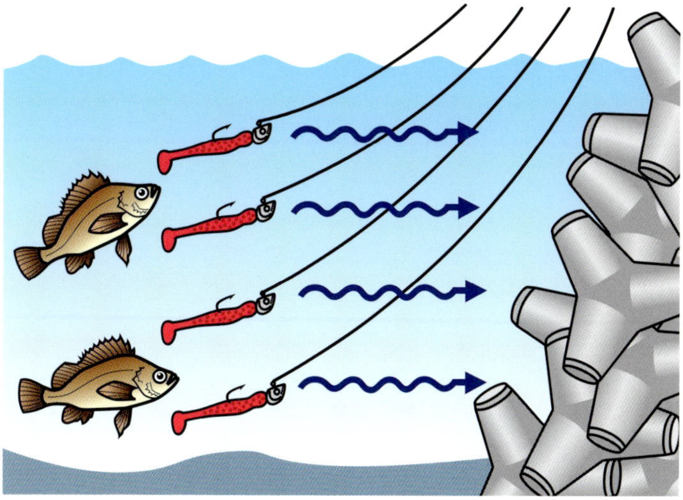

タナの探り方

表層から底層まで順に探る

メバルは表層に近いところを泳ぐものほど、活発で釣りやすい。まずは、軽いジグヘッド（フック付きのオモリ）で竿を立ててゆっくり表層をチェックする。その後は、ジグヘッドの重さを変えて海底近くまで探り、タナを徐々に深くしていく。ルアーを引くスピードは、1秒でハンドル1回転以下が基本。

水深の浅いところを狙う ムラソイ

見た目はカサゴに似ている。泳ぎが上手いため、ルアーへの反応もよく楽しめる。5～7月にかけて接岸するので釣りやすくなる。

狙えるポイント　岩礁《がんしょう》の隙間や、ゴロタ石の間に潜んでいる。カサゴより浅い場所にも入ってくるため、水深が10cmほどでも充分狙える。

竿
長さが２ｍ以内でライトアクションのもの
メインライン
1.5～2号のナイロンまたはフロロカーボンラインを使用
リール
２号ラインが100ｍ以上巻ける小型のスピニングリール
ソフトルアー＋ジグヘッド
1.5～２ｇのジグヘッドに２インチのソフトルアーを付ける

POINT

アタリを感じたらすぐに魚を上げる！

ワームを根の隙間や海底まで沈めたら、竿先を震わせるように小さく上下してワームを躍らせる。「ガツ！ガツ！」というアタリを感じたら、竿を立てて一気にムラソイを海底から引き上げる。モタモタしていると、岩の間に逃げ込んでしまい、引っ張っても出てこなくなってしまう。

石の際を探る

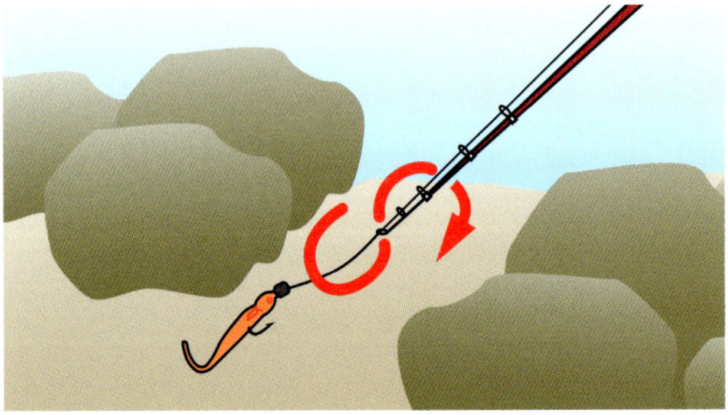

岩の隙間にラインを10cmほど出して、ルアーを突っ込む。8の字を描くように竿をかきまわすと、ムラソイが飛びついてくる。ワーム以外にも、3～4cmのミノーを使うと効果的。

入れ食いも楽しめる サバ

小魚を追って泳ぎまわる回遊魚の代表。夏～秋にかけて、イワシなどの小魚を追って大きな群れが接岸する。

狙える ポイント | サバは潮通しがよく、イワシなどの群れが入る場所に集まり、そこにとどまる時間が長い。同じ仕掛けでソウダガツオも狙える。

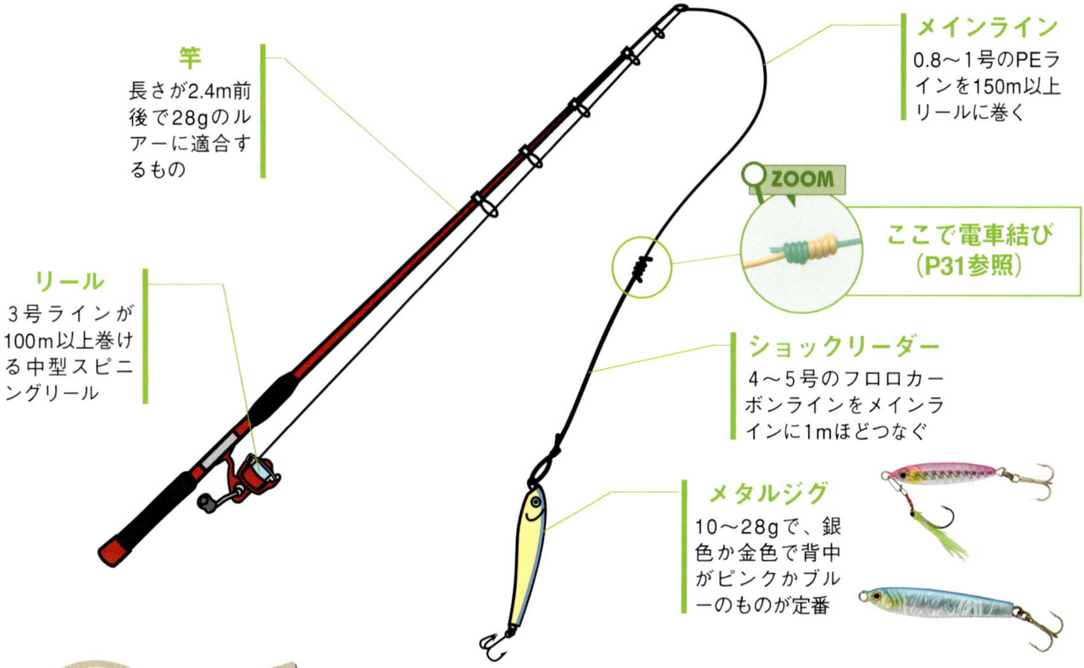
竿
長さが2.4m前後で28gのルアーに適合するもの
リール
3号ラインが100m以上巻ける中型スピニングリール
メインライン
0.8～1号のPEラインを150m以上リールに巻く
ZOOM
ここで電車結び（P31参照）
ショックリーダー
4～5号のフロロカーボンラインをメインラインに1mほどつなぐ
メタルジグ
10～28gで、銀色か金色で背中がピンクかブルーのものが定番

SPECIAL ADVICE サバを釣ったらクビを折る

回遊魚のサバは、釣った直後にクビを折って血抜きし、氷水の入ったクーラーへ。できれば内臓も抜いておこう。

高速でルアーを引く

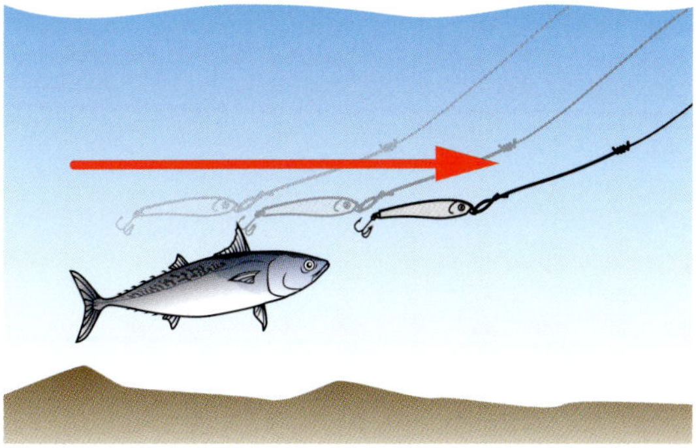

メタルジグをできるだけ遠くに投げて、可能な限り高速で巻くのが基本。サバは沈むメタルジグにも食いつくので、メタルジグを沈めているときもラインの変化に注意しよう。

LINK! 電車結び ▶ P31

食して美味 アオリイカ

春に産卵で大型が接岸し、秋になると小型が多く釣れる。身は甘く、料亭直行の高級食材で、大型では3kgを超えることもある。

狙えるポイント　別名を「モイカ」と呼ぶ地方もあり、潮通しがよく小魚が多い海草帯が狙い目。秋の小型は、港内の船溜まりにも隠れている。

エギングの仕掛け

エギを使う以外はルアーと同じ。ただし、からみやすいPEラインを使って竿を繰り返し動かすので、ガイドが付いた専用竿での挑戦がオススメ。

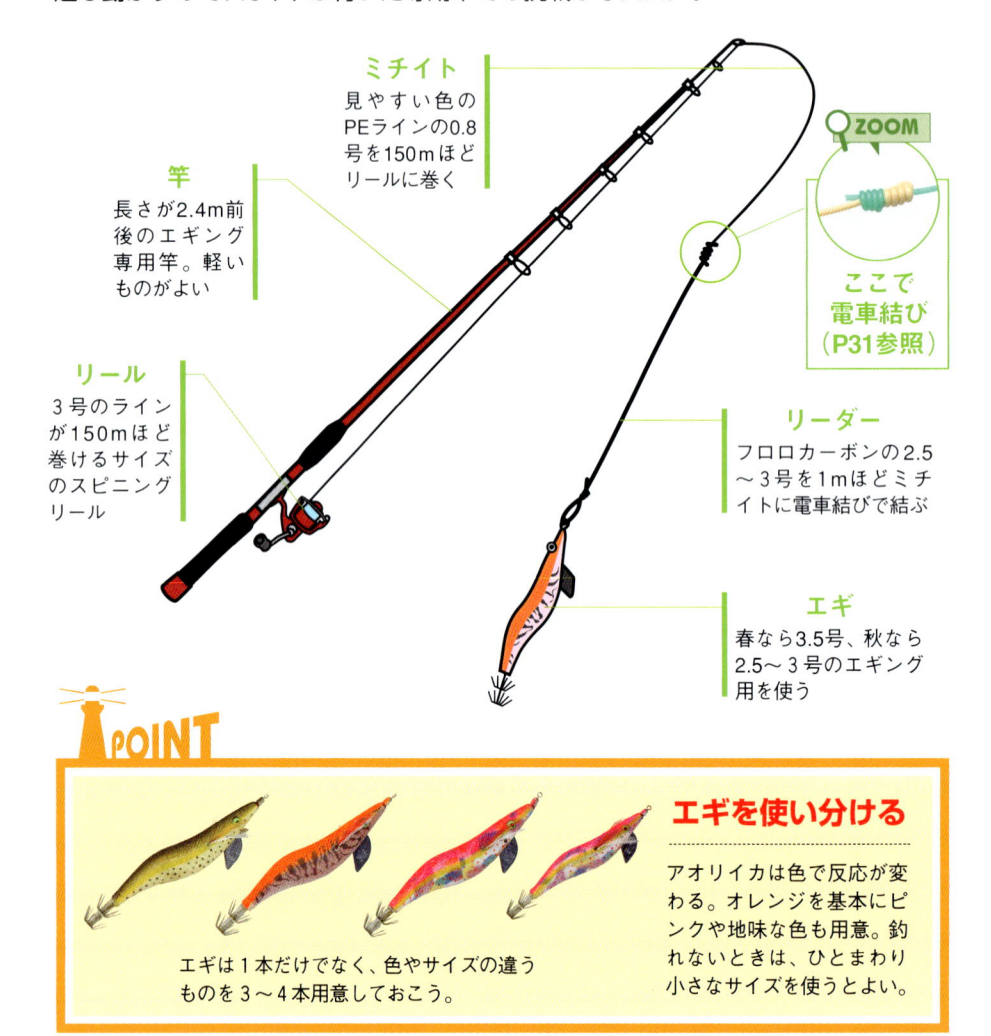

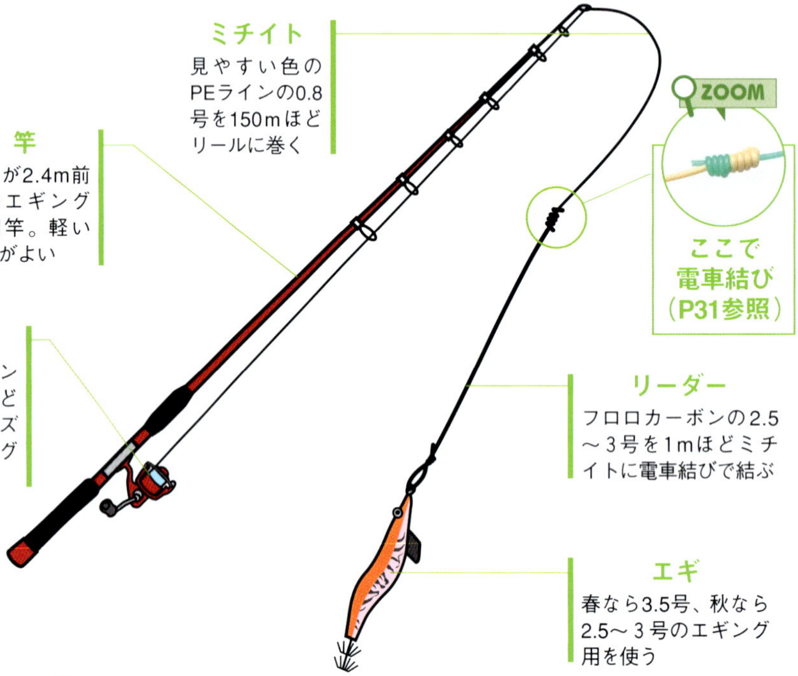
長さが2.4m前後のエギング専用竿。軽いものがよい
リール
3号のラインが150mほど巻けるサイズのスピニングリール

POINT

エギは1本だけでなく、色やサイズの違うものを3～4本用意しておこう。

エギを使い分ける

アオリイカは色で反応が変わる。オレンジを基本にピンクや地味な色も用意。釣れないときは、ひとまわり小さなサイズを使うとよい。

ポイント選びのコツ

アオリイカが沢山いる場所は、外洋の影響が強い海で、エサとなる小魚と隠れ場所になる海草が点在する場所がポイントだ。風があると釣りにくいので、これを避けられる場所を選びたい。

スミ跡をチェックする

釣り上げられるとスミを吐くので、スミ跡が残っていたらそこがポイントの可能性は高い。ただし、釣れた跡には海水をくんでスミを流しておくのがマナーだ。

エギングのテクニック

アオリイカは、跳ね上がるエギに興味を引かれて寄ってきて、エギが自然に沈んでいくときか、着底の瞬間に乗ってくる。だから、この間はエギを不自然に動かさないことが一番大切だ。

エギは着底させてから引く

キャストしたエギは、一度海底に着底させる。次に、竿を動かしてエギを跳ね上げる。数秒間エギを沈め、再び跳ね上げる。これを繰り返す。

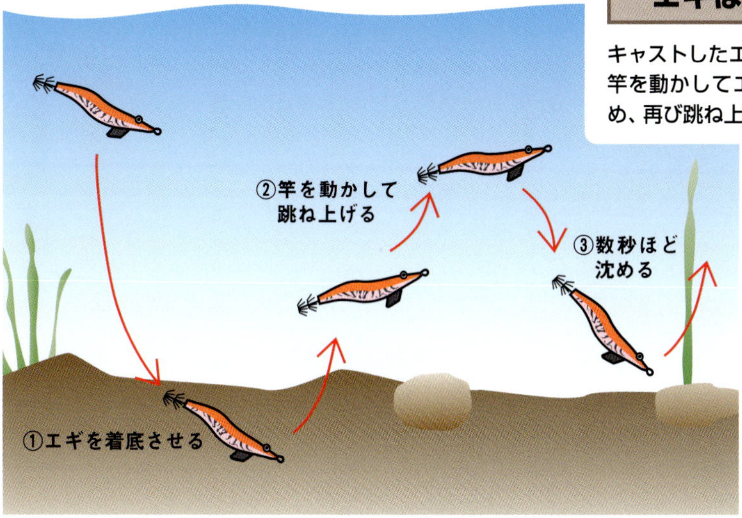
①エギを着底させる
②竿を動かして
跳ね上げる
③数秒ほど
沈める

糸フケは着底のサイン

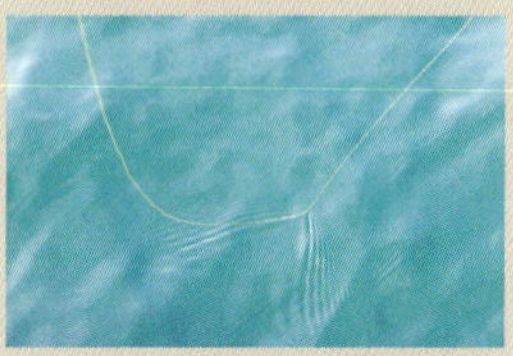

エギは1mを3秒ほどの速度で沈む。着底すると写真のように一瞬ラインがゆるむ。

2

1

するどくコンパクトに竿を動かす

「ヒュン！ヒュン！」と竿鳴りがするようにするどく竿を振る。最初は大きく、慣れてきたら同じ幅で2～3回段を付けるようにするとイカへのアピールが、格段に大きくなる。

LINK! 電車結び ▶P31

夜釣りを楽しむ

夜間に活発なターゲットを狙う

アナゴ、メバル、カサゴなど、夜行性の魚は夜釣りで狙う。スズキやアジなどは昼間と同じ釣り方で大型が簡単に釣れることが多いのだ。

夜釣りで狙える魚

- アナゴ(P76)
- メバル(P77)
- カサゴ(P78)
- アジ(P79)
- スズキ(P80)
- アオリイカ
- クロダイ など

夜釣りの魅力

昼間には釣りにくいターゲットを狙えるだけでなく、昼間と同じ釣り方をしていても大物が期待できるのが最大の魅力。昼間よりも少し太い仕掛けを使って狙おう。

昼間では釣りにくいターゲットも狙える

アジやアナゴ、メバルなどは、断然夜が釣りやすい。ポイントも近くなり、昼間には釣れない場所でも夜には好釣り場になることもある。

夜釣りのマナー

- 周囲に気を配る
- 火に注意する
- 釣った魚はライトで確かめる

走り回ったり、水面をライトで不必要に照らさないように。静かに釣りをする人の迷惑になる。また、寒いからといって焚き火をするのもNG。危険な魚も釣れるので、魚は堤防の上でライトで確認してから触れるようにする。

夜釣りのポイント探し

昼間と同じで潮通しがよく、水深があるところでは手前が狙い目。安全のため、足場が広い場所を選んで複数人で行きたい。また、明るいうちにポイントをチェックしておくのもよいだろう。

常夜灯があるところを探す

常夜灯のある場所は、明るくて釣りやすいだけでなく、この光に小魚が寄り、それを狙う色々な大物も寄ってくる。堤防では、絶対に見逃せないポイントだ。

足元に魚が集まっている

人が少ない夜には、すぐ足元に思わぬ大物が寄っていることがある。また、常夜灯があれば堤防の際が陰になるので、大物が隠れていることが多い。

夜釣りの必須アイテム

夜釣りではヘッドライトやランタンなど、昼間の釣り道具にプラスして持っていきたいものがある。ここでは、そんな夜釣りのアイテムを紹介する。

虫よけ

冬期以外は必須。蚊と磯ブヨにもきく強力タイプがベスト。

ヘッドライト

手元を照らす。軽量、防水のものを選ぶ。LEDタイプが人気。

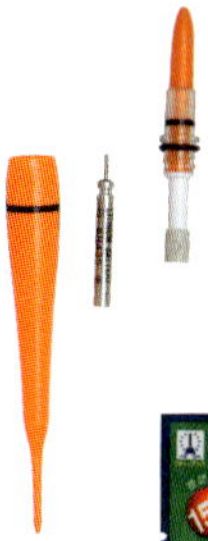

電気ウキ

中央の電池を差し込むとLEDでトップが赤く光るウキ。

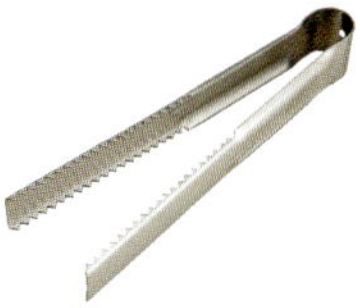

メゴチばさみ

毒魚が釣れたときにつかむための道具。夜釣りには必須だ。

ランタン

足元を広く照らす据え置き型のライト。暗い釣り場では便利。

ケミホタル

内蔵のアンプルを割ると緑色に発光。竿先やウキに付ける。

予備の電池

ヘッドライトやランタンの予備の電池も忘れずに。

食べておいしい好食材 アナゴ

梅雨時が旬だが、1年中狙える夜釣りの代表的なターゲット。正式名称は「マアナゴ」で、天ぷらや白焼きで食べると絶品だ。

狙えるポイント　内湾のやわらかい砂泥底を好み、日中は巣穴に潜っているが、夜に広く回遊してエサを取る。外洋部では、大きな漁港の港内が狙い目。

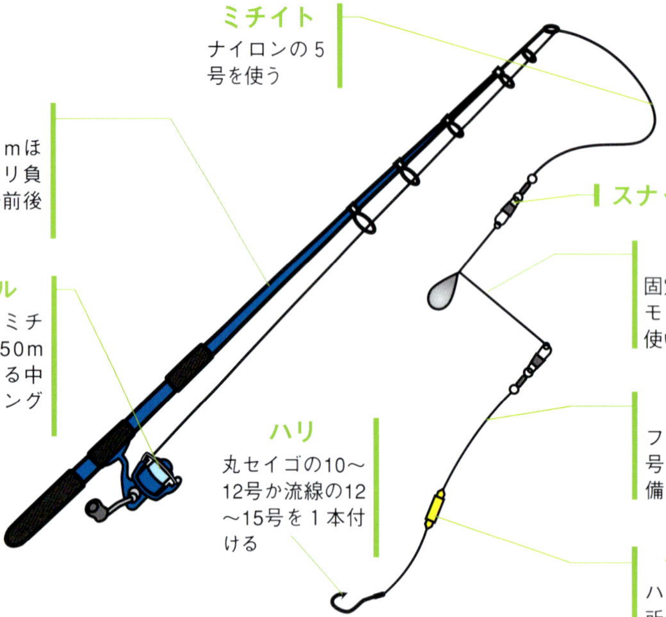

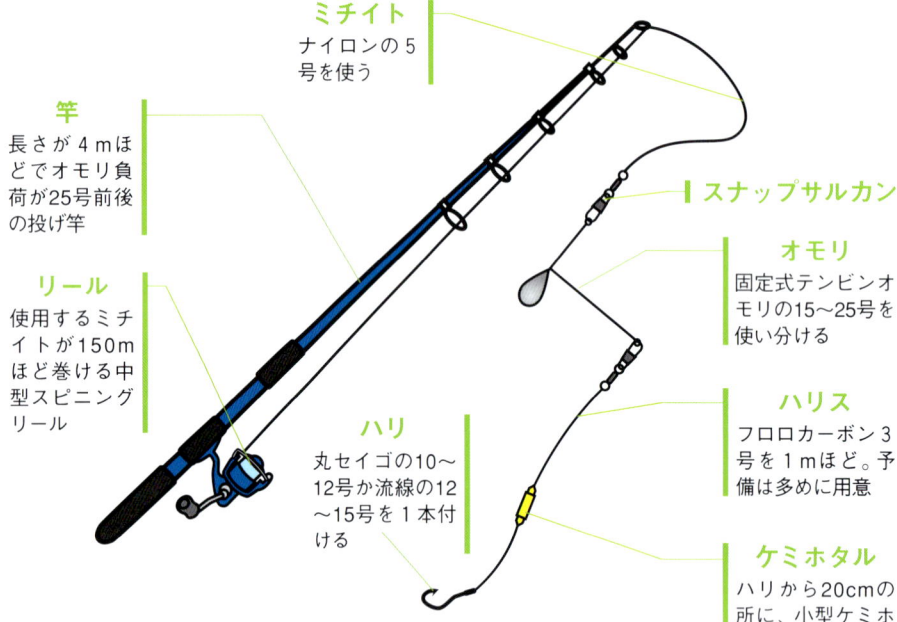

ミチイト
ナイロンの5号を使う

竿
長さが4mほどでオモリ負荷が25号前後の投げ竿

リール
使用するミチイトが150mほど巻ける中型スピニングリール

ハリ
丸セイゴの10～12号か流線の12～15号を1本付ける

スナップサルカン

オモリ
固定式テンビンオモリの15～25号を使い分ける

ハリス
フロロカーボン3号を1mほど。予備は多めに用意

ケミホタル
ハリから20cmの所に、小型ケミホタルを固定する

POINT

発光体でエサを目立たせる

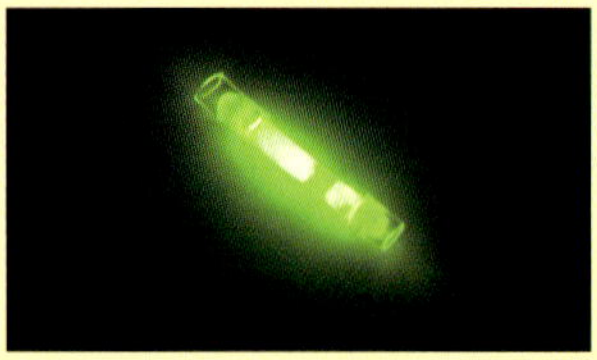

アナゴは、淡い光に寄る習性がある。仕掛けに小型のケミホタル（P75参照）は必ず付けて狙いたい。

エサはアオイソメを縫い刺しに

アナゴ釣りでの定番エサ、アオイソメ。エサをできるだけ大きく見せるように大振りなものを選び、ハリに縫い刺し（P23参照）にする。細いイソメなら2～3尾をダンゴ状に付ける。

年中狙える夜釣りの人気者 メバル

１年中狙えるが、晩秋〜早春の産卵期が大型を釣るチャンス。20cmを超えるものは、釣り味も小型とは別物だ。

狙えるポイント　夜になると深い場所から浅い場所に入り、活発にエサを取る。水深がある船道が狙える堤防先端は、大物を狙う定番のポイントだ。

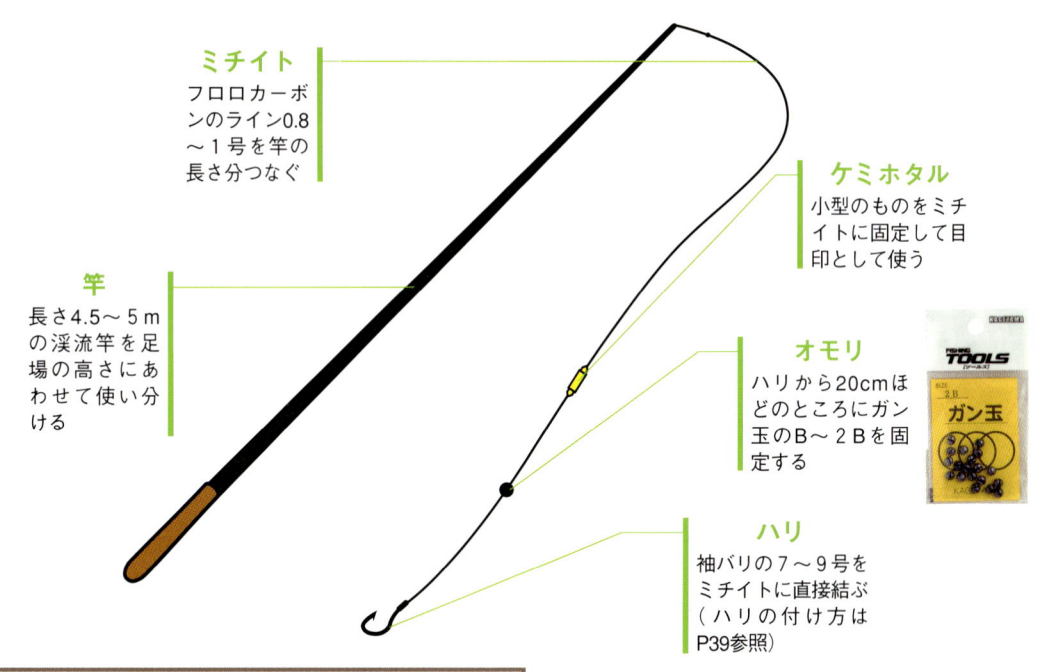

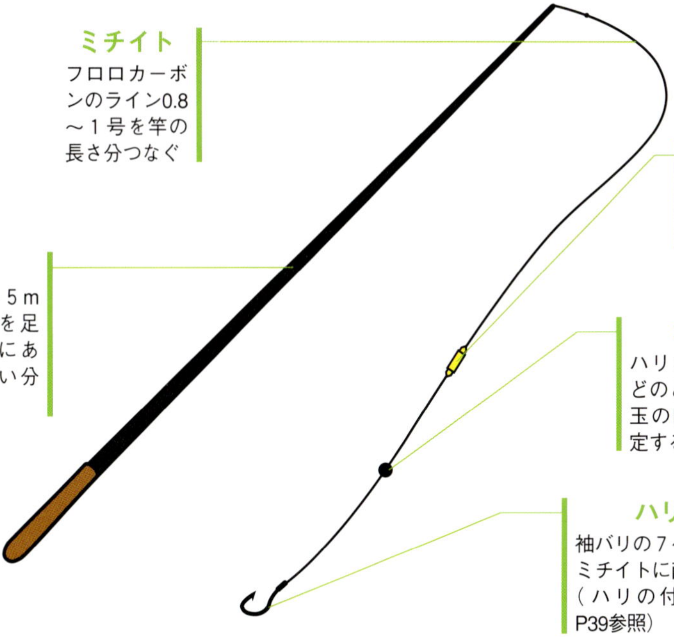

ミチイト
フロロカーボンのライン0.8〜１号を竿の長さ分つなぐ

ケミホタル
小型のものをミチイトに固定して目印として使う

竿
長さ4.5〜５mの渓流竿を足場の高さにあわせて使い分ける

オモリ
ハリから20cmほどのところにガン玉のB〜２Bを固定する

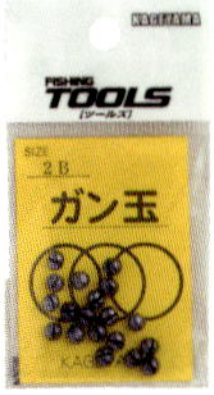

ハリ
袖バリの７〜９号をミチイトに直接結ぶ（ハリの付け方はP39参照）

ゆっくり断続的に誘う

ミチイトをゆるめないように、エサをゆっくり沈める。底に付いたら、一呼吸おいてゆっくりエサを持ち上げる。上げ、下げどちらでも当たるので、広くタナを探ろう。

エサはアオイソメをチョン掛けに

エサは活きのよいアオイソメを、写真のようにチョン掛け（P23参照）して使う。なお、長すぎると食い逃げされるので、大きいものは10cmほどに切る。エサが弱ったら、すぐに交換する。

LINK! 縫い刺し▶P23、ハリの付け方▶P39、チョン掛け▶P23

夜になると活発になる カサゴ

昼間は岩陰に潜っているが、夜は岩礁《がんしょう》の表面に出てくるので釣りやすい。つかむときは、背ビレなどのトゲに注意。

狙えるポイント　海草や岩礁でくらす魚なので、足元の捨石やテトラポッドと堤防の間もポイント。垂直の壁に、張り付くように潜んでいることもある。

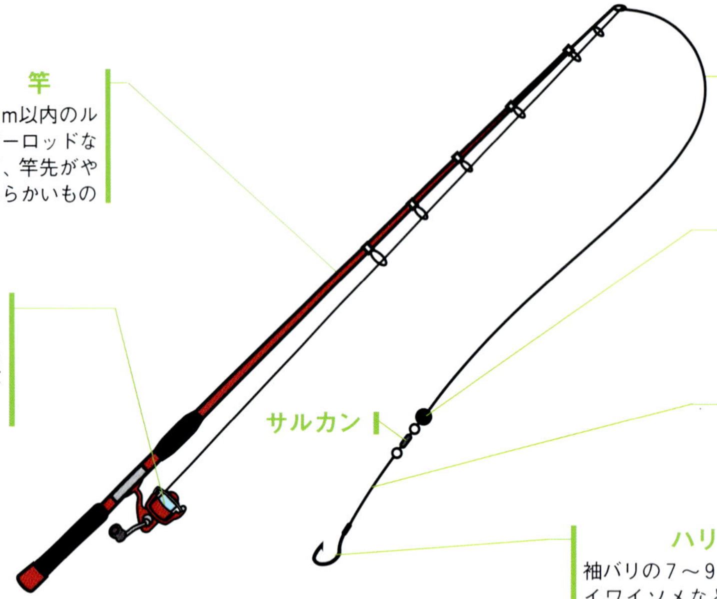

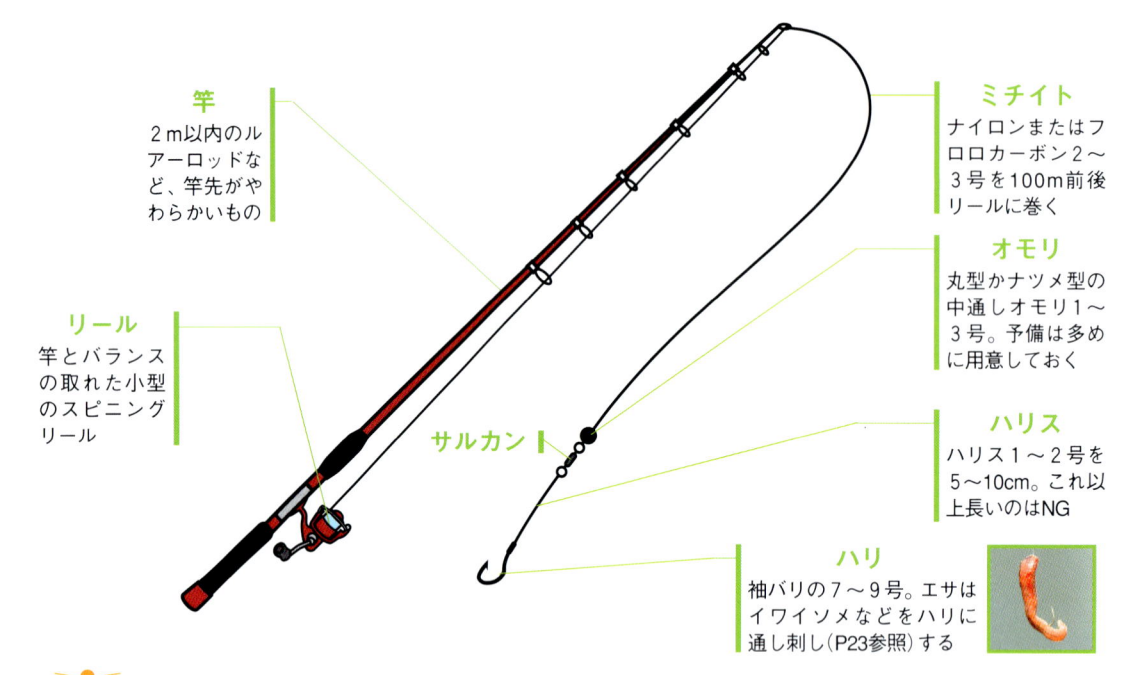

竿
2m以内のルアーロッドなど、竿先がやわらかいもの

リール
竿とバランスの取れた小型のスピニングリール

ミチイト
ナイロンまたはフロロカーボン2～3号を100m前後リールに巻く

オモリ
丸型かナツメ型の中通しオモリ1～3号。予備は多めに用意しておく

ハリス
ハリス1～2号を5～10cm。これ以上長いのはNG

ハリ
袖バリの7～9号。エサはイワイソメなどをハリに通し刺し(P23参照)する

POINT

短いハリス＋伸びるハリで根掛かり対策！

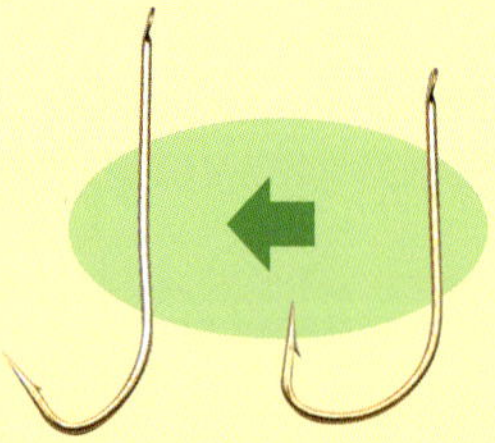

カサゴ釣りには根掛かりがつきものだが、力が加わると伸びるハリならオモリを回収できる。またハリスも短いほど根掛かりは防げる。

海底まで仕掛けを落とす

カサゴ釣りでは、オモリを確実に海底まで届けることが重要だ。穴のようなポイントでは、途中でオモリが引っ掛かるので、注意しながらしっかり落とそう。

夜釣りで爆釣が期待できる アジ

目がよい魚なので、夜が釣りやすい。昼間は小型しか釣れなくても、夜は20cm以上のものが釣れることも。

狙えるポイント 堤防の先端や港の出入り口で、常夜灯がある場所が夜アジにはベスト。常夜灯の明暗部の暗い側を狙うと型がよい魚が釣れる。

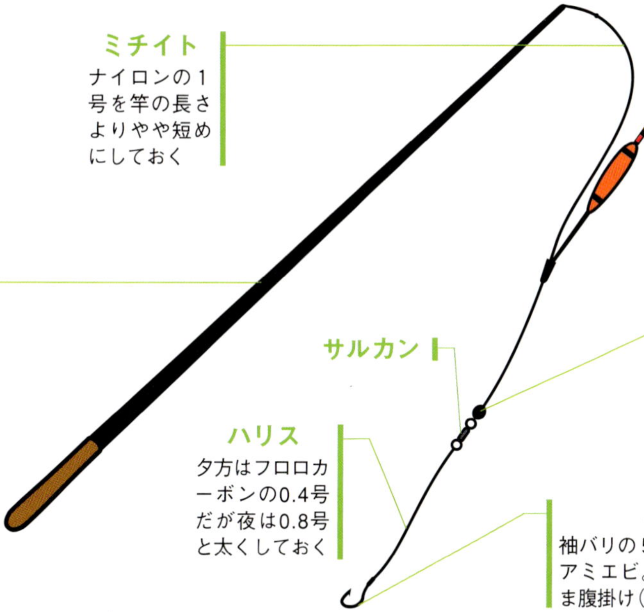

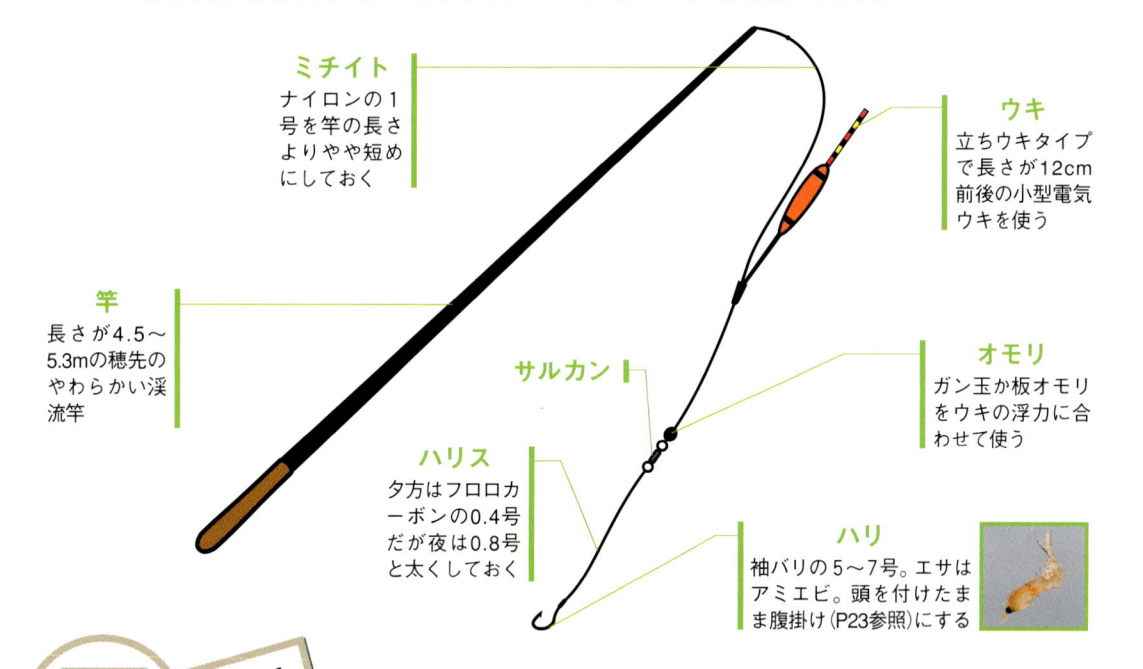

ミチイト
ナイロンの1号を竿の長さよりやや短めにしておく

ウキ
立ちウキタイプで長さが12cm前後の小型電気ウキを使う

竿
長さが4.5～5.3mの穂先のやわらかい渓流竿

サルカン

オモリ
ガン玉か板オモリをウキの浮力に合わせて使う

ハリス
夕方はフロロカーボンの0.4号だが夜は0.8号と太くしておく

ハリ
袖バリの5～7号。エサはアミエビ。頭を付けたまま腹掛け(P23参照)にする

SPECIAL ADVICE

釣り座を整えておく

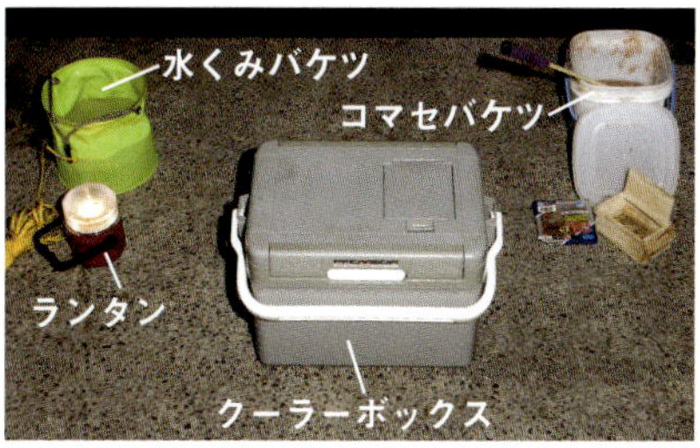

右利きならコマセは右側に置く。魚は左手で捕るので、手洗いに使うバケツは左側に置くとスムーズ。

ウキの浮力をできるだけ抑える

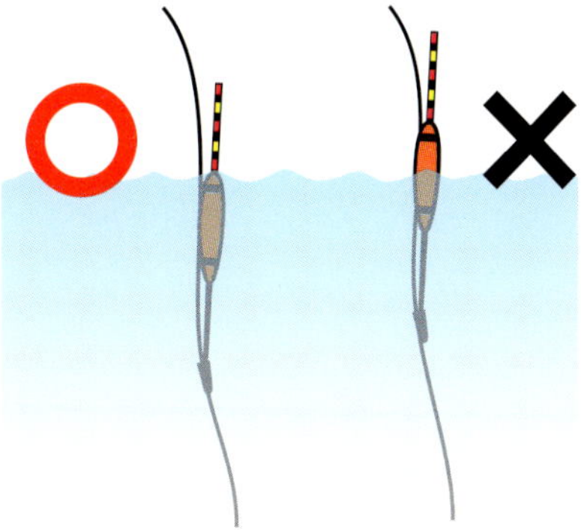

立ちウキタイプでは、○のように先端部だけが水面に出るようにウキの浮力を抑える。×のような状態だと、魚が違和感を感じてエサを食い込まないこともある。

LINK! 通し刺し ▸P23、腹掛け ▸P23

夜釣りの王道 スズキ

最大で１mにもなり、沿岸魚では最大級の魚。典型的な魚食魚で、海のルアーフィッシングにおける好敵手だ。

狙える ポイント　堤防の先端部や角など、流れが変化する場所で、エサの小魚が多いところを狙う。エサが豊富な河口や運河などの汽水域にも多い。

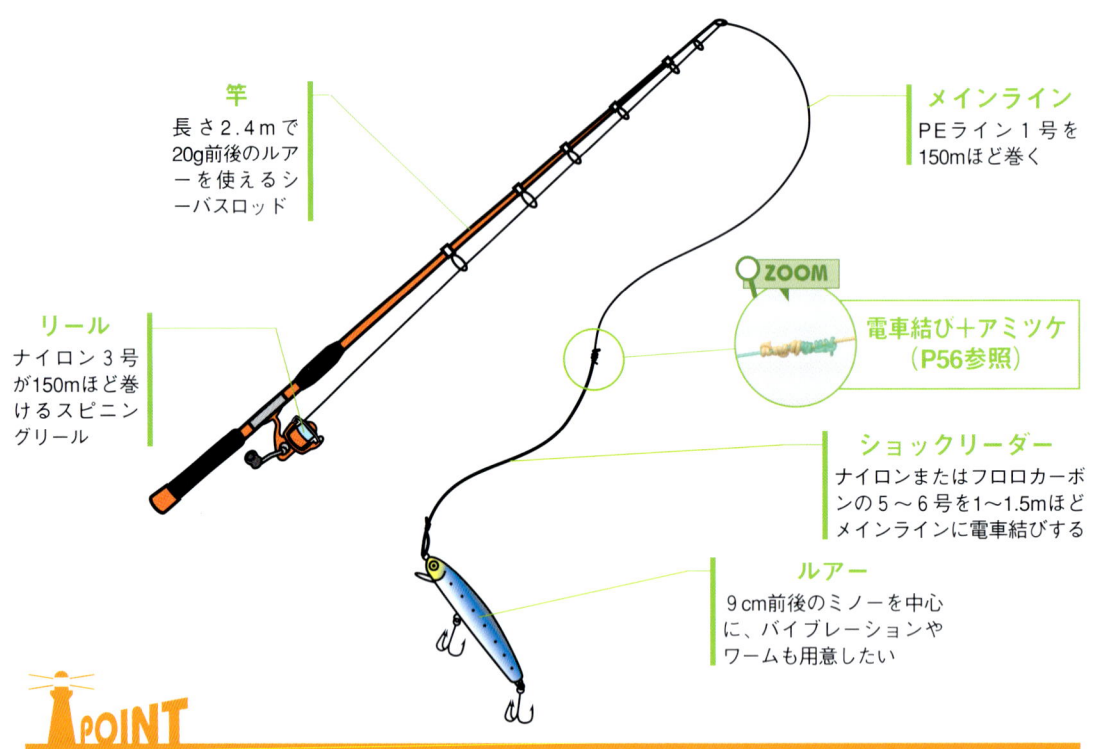

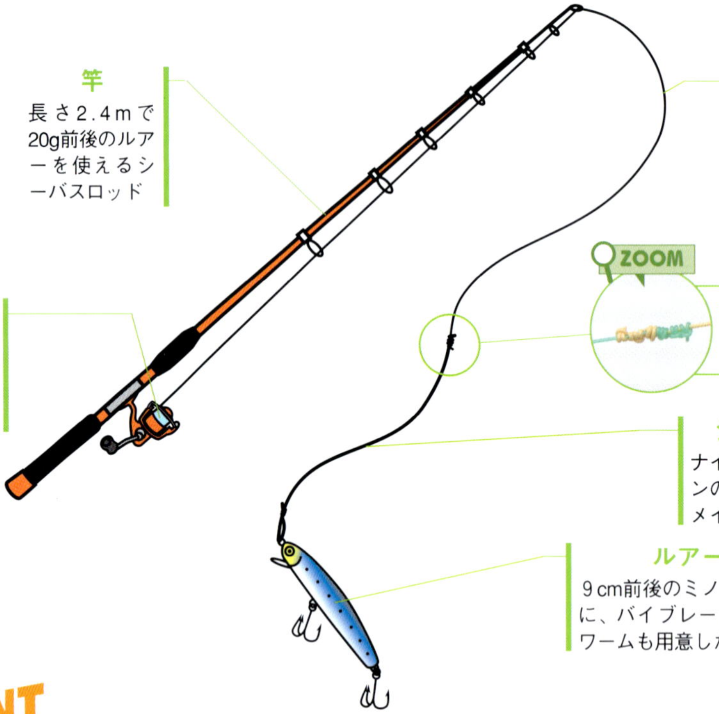

竿
長さ2.4mで20g前後のルアーを使えるシーバスロッド

リール
ナイロン３号が150mほど巻けるスピニングリール

メインライン
PEライン１号を150mほど巻く

電車結び＋アミツケ
（P56参照）

ショックリーダー
ナイロンまたはフロロカーボンの５～６号を1～1.5mほどメインラインに電車結びする

ルアー
９cm前後のミノーを中心に、バイブレーションやワームも用意したい

POINT

ルアーは数種類用意する

ソフトルアー
４～10gのジグヘッドに付けて竿を立てて水面から１m前後を狙うとよい。

ミノー
７～９cmのシンキングミノーが便利。50cm～1.5mまでの中層を探る。

バイブレーション
15～21gのものがよい。重さによって３～６mの深いタナを探れる。

エサとなる小魚と同じタナを引くために、種類の違う（違うタナを狙える）ルアーを使い分ける。色や泳ぎ方の違いで、魚の反応は違う。

スズキのポイント探し

スズキは障害物の近くで小魚を待ちぶせするので、障害物の際を狙って投げることが重要だ。常夜灯があれば、その明暗の境目は絶好のポイント。色々な角度やタナを試してみよう。

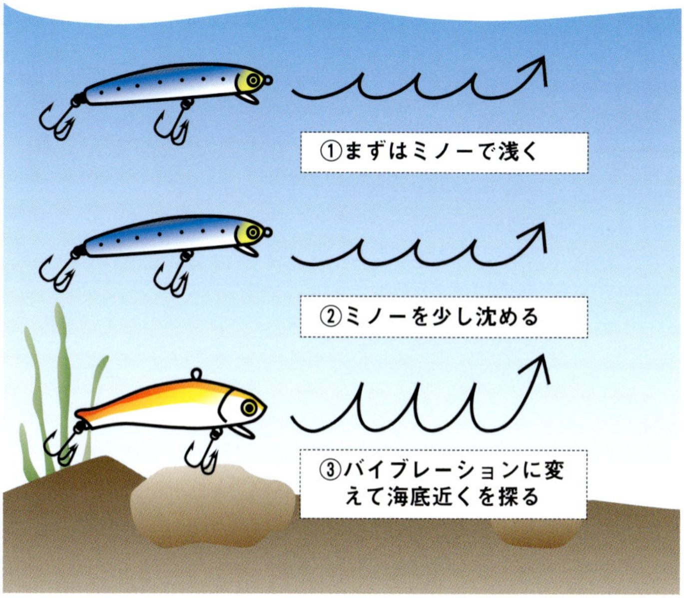

①まずはミノーで浅く
②ミノーを少し沈める
③バイブレーションに変えて海底近くを探る

ルアーを変えて上からタナを探る

スズキは、海面や障害物に小魚を追い詰めて捕食するので、タナは表層から順に探る。沈むルアーなら、沈める秒数を変えて引いてみよう。

STEP UP

ソフトルアーを少し沈める

重めのジグヘッドを使って底まで沈め、ゆっくり上に巻き上げるのが奥の手だ。

SPECIAL ADVICE

「エラ洗い」に注意！

スズキはジャンプして頭を振る「エラ洗い」でハリを外してしまう。竿を寝かせるとジャンプを防ぐことができる。

歩きながら釣る

スズキは、堤防でもエサを待ち伏せしていることが多い。直線的な堤防では、ルアーを足元に落としてから10mぐらいラインを出し、歩きながら堤防と平行に引く「テクトロ」も有効だ。歩く速度は、早足ぐらいが基本だ。

LINK! 電車結び ▶P31

潮の動きと魚の関係を知ることで釣果も変わる

海の水は月の引力と地球の自転の影響で、どんな日でも必ず水位が上下する。この作用が潮の流れを作り、魚の活性を上げてくれる。海釣りをするときは、このことを必ず知っておこう。

釣れるタイミングを知る

潮まわりを知る

潮まわりは月齢と関係する。満月と新月の日は潮の変化が大きい「大潮《おおしお》」、半月のときは干潮が小さい「小潮《こしお》」。一般には「大潮」のあとの「中潮《なかしお》」が釣りやすい。

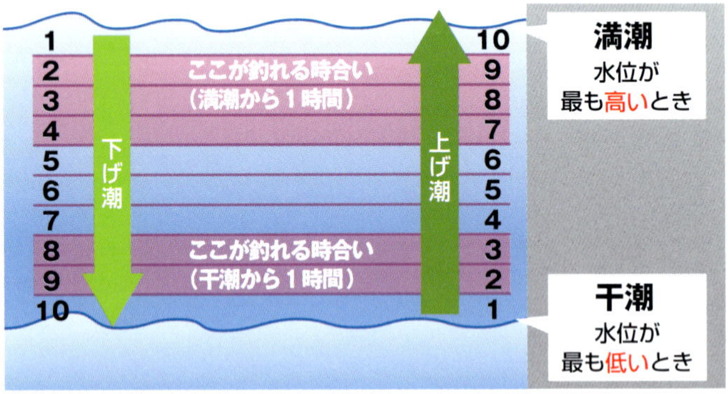

SPECIAL ADVICE

潮の動きを見るアイテム

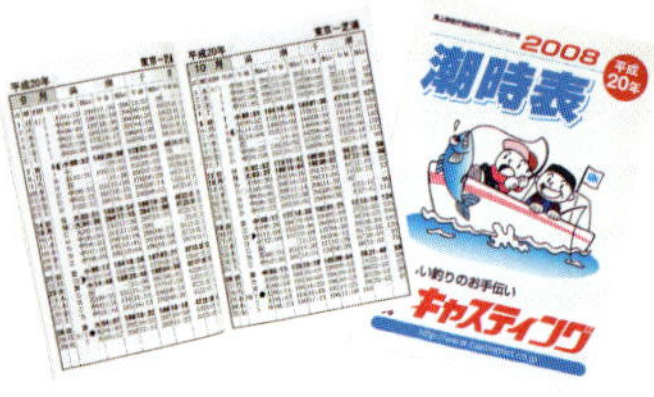

潮の種類と満潮、干潮の時間が記載されている潮時表。これで毎日の潮の変化を知ることができる。

チャンスは１日に２回

釣りの世界では、潮汐《ちょうせき》変化を10等分して潮が適度にゆるんでくる「上げ7分」「下げ3分」に魚の食いが活発になるという格言がある。これは必ずしも絶対ではないが、干満のピークが釣りをする時間内に入っているなら、確実に１日２回はチャンスがやってくるのだ。

「まずめどき」を狙う

「まずめどき」には「朝まずめ」「夕まずめ」の２つがあり、日の出と日の入り直前の時間帯を指す。この時間帯に潮が動いているのが一番理想的だ。そんな日はかなりの釣果が期待できる。

チャンスは朝夕の30分

夜から朝、昼間から夜に条件が変わる30分ほどの間は、潮の流れがあまりよくなくても、昼の魚も夜の魚も釣れるチャンス。この時間帯は最も集中して釣りたい時間となる。

まずめ＝魚の食事タイム

「まずめどき」は太陽光線の角度が浅くなるため、水中の光量が変化してプランクトンの動きが活発化。これにつられて魚の活性も上がる。日中は光を嫌って海底に張り付いていた大物も浮いてくる。

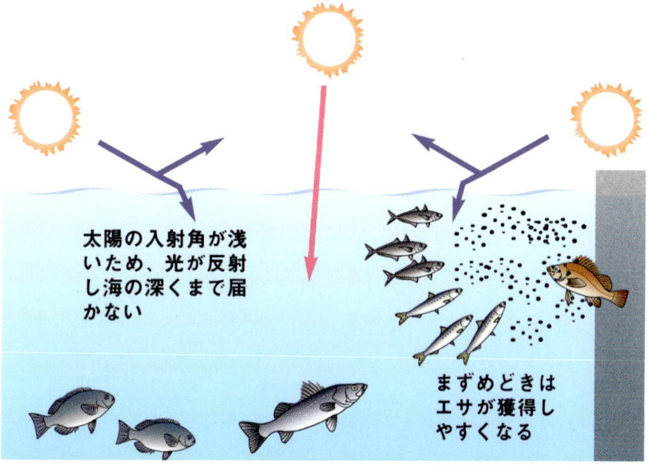
太陽の入射角が浅いため、光が反射し海の深くまで届かない
まずめどきはエサが獲得しやすくなる

POINT

場所によって条件は異なる

釣れる時間帯は、釣り場によってクセがある。極端に流れが速い場所では潮止まり（干潮満潮の変わり目）がチャンスになることもある。同じ釣り場に通って、このクセを見つけよう。

こんなときも狙い目

- 潮が変わる時間
- 曇りの日
- 濁りのあるとき

止まっていた潮が動きはじめると、アタリが多くなることがある。曇っていて小雨がパラつく日は、気圧も低いので魚も活発だ。適度な海の濁りも必ず釣果に結びつく。

堤防でのトラブル対処法

対処法を知って
堤防での釣りを楽しいものに！

どんなベテランでも釣りをやっていれば、水中の障害物に仕掛けを引っ掛ける根掛かりや仕掛けがからむ「オマツリ」は、必ずあるもの。問題は、それを防止すると同時に的確な対処法を身につけることだ。

根掛かりをしてしまったら？

根掛かりは、ハリが引っかかるものと、オモリが岩礁《がんしょう》に挟まるものの2種類。どちらも対処法は同じ。むやみに引っ張らず、被害を最小限に食い止めよう。

ゆっくり後ろに下がる

竿を振っても取れないときは、竿とミチイトをまっすぐにしてリールをおさえ、ゆっくり後ろに下がってラインを切る。

竿先を小刻みに振る

根掛かりしたら、引っ張らずに竿を立ててからミチイトを軽く張り、竿を4～5回小刻みに振ると外れることが多い。

これは危険 NG！

強引に竿をあおると危険！

竿をあおってハリスを切ると、外れたオモリが自分に向かって飛んでくる。反動で竿を折ることもある。

仕掛けをキャストするときのトラブル

初心者の場合、思うようにキャストできずにハリやオモリで自分や他人を釣ってしまう可能性がある。トラブルを防ぐために、しっかりと周囲の安全確認を徹底することが大切だ。

「オマツリ」をしてしまったら

仕掛けが横に飛んで、隣の人のミチイトを越えてしまった場合。そんなときは、ラインを巻かずに竿を立てて、その人の反対側へ回って仕掛けを回収。仕掛けがからまってほどけないときは、慌てず自分の仕掛けを切って対処する。謝意を示すのも忘れずに。

SPECIAL ADVICE

キャスト時の危険ゾーン

キャストをするとき、右利きの人なら後ろの右半分が特に危険なゾーンとなる。周囲に人がいないかきちんと確認してからキャストしよう。

SPECIAL ADVICE

まわりの人の迷惑にならないように！

静かにウキ釣りをしている人の場所に、重いオモリを投げ込むと、ウキ釣りの人は釣りにならない。常にまわりの人の迷惑を考えて、釣りに来ている人みんなが楽しめるようにしよう。

釣り場が混雑しているときは

沢山の先行者がいる場所で後から入るときは、隣の人に許可を取ってから釣り座を構えよう。使う竿の長さ分ほど間隔を取るのが常識だ。どんな釣りでも、釣りは先行者優先なのだ。

Part 3

船釣りをしよう

大物が期待できる船釣り。以前は初心者にとってハードルが高かったが、最近では堤防釣りのタックルで楽しめる船も増えている。堤防釣りとはひと味もふた味も違った楽しみが味わえるのだ。

PROVISOR

Part 3

船で釣りを楽しむ

魅力満載な**船釣り**はビギナーでも楽しめる！

船釣りはハードルが高いと思われがちだが、ビギナーでも楽しめる船釣りがある。道具も船宿で借りられ、釣れるポイントまで船長が連れて行ってくれるので、何も心配はいらない。

船長が絶好のポイントまで案内してくれるので、ビギナーでもまったく問題ない。

広大な海原に飛び出して釣りを楽しもう

堤防釣りを楽しんだら、釣り場を変えて沖へ出てみよう。

船釣りは、堤防釣りのように自分でポイントを探す必要がなく、釣りたい魚を釣らせてくれる船宿を見つけて船に乗ればよい。実は、ビギナーにとって最適な釣り場なのだ。

オススメの船釣りは、「ライトタックル」での釣り。ターゲットによっては堤防釣りの道具で楽しめるので、改めて釣り道具を購入する必要もない。

船釣りは、敷居の高い釣り場ではない。「海の上で釣りを楽しみたい」という気持ちがあれば、誰でも楽しめるのだ。

ライトタックルの道具

ライトタックルでの釣りは、水深が浅いところを狙うため装備が軽量なのが特徴。竿はやわらかく、魚の引きがわかる感度の高いものを使い、リールも小型のものを使って魚とのやり取りを楽しもう。

ガイド竿
魚の引きが楽しめる、軽量で竿先がやわらかいものを選ぶ

ミチイト
PEラインの1.5号を使う。魚のアタリがダイレクトに伝わる

オモリ
ライトタックルではテンビンに吊り下げて使う

ビシオモリ
オモリ付きのコマセカゴ

ボート用テンビン

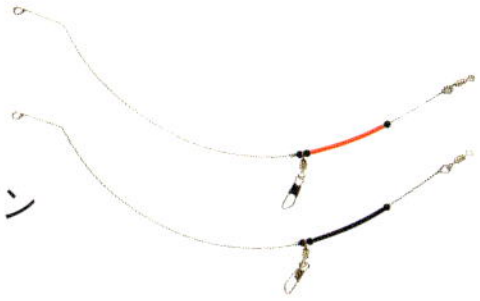

キス用小型テンビン

テンビン
水中でのラインのからみを防ぐための連結具。キス用小型テンビンやビシ釣り用の短いテンビンがある。

両軸リール

スプール
ラインを巻き込む部分

クラッチレバー
ラインを出したり止めたりするストッパー。下げればラインが出る

レベルワインダー
左右に動き、通したラインがスプールに巻かれるようにする

リールフット
竿にセットする部分

ハンドル
手でまわすとラインがスプールに巻き込まれる

ドラグノブ
スプールの滑り具合を調節するためのつまみ

[クラッチレバーの使い方]

1 クラッチレバーを押す
クラッチレバーを下に押すと、ミチイトが出る。親指はミチイトに添え、出ていく分量を調節する。

2 ハンドルを回す
ミチイトが出ていくのを止めるときは、ハンドルを回してクラッチレバーを上げる。

釣りの第一歩は **釣り船を知る**こと

船の部位には、それぞれ名前がある。船宿の人や船長と話すときのために、覚えておくといいだろう。また、船の各部を知っておけば、いざ船に乗ってもどこに何があるかがすぐわかる。

釣り船の名称

左舷《さげん》
へさきに向かって左側の席のこと。

へさき
船の一番前。通常は荷物などを置く場所で釣り座にならない

右舷《うげん》
へさきに向かって右側の席のこと。

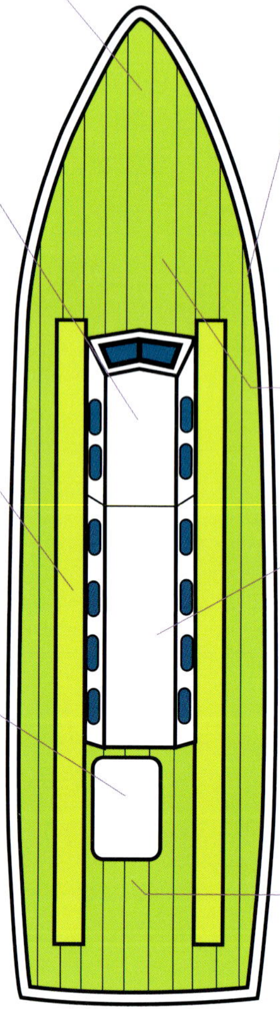

操舵室《そうたしつ》
船長が操船したり魚群探知機を見るところ。ここから乗客に指示を出す

胴《とう》の間《ま》
真ん中の席。揺れが小さく、船長のアドバイスを受けやすいので初心者向きの席

トイレ
船の規模によっては水洗機能付きのものもあるが、トイレがない船もある

海水の出るホース
バケツを置いて海水をため、魚を入れたり、手を洗うために使う

ミヨシ
船の前方の場所。荷物置きになっていることもある

キャビン
ポイントへの行き帰りの休憩に使う。船により天井付きのもの、そうでないものがある

船尾《とも》
船の後ろの席。ベテランや常連の人はここを好むことが多い

釣り船に詳しくなろう

ライトタックルで釣れる魚たち

ビギナー向けのライトタックルで狙えるのは以下の魚たちだ。釣り方のテクニックと仕掛けはP98から紹介しているので、一読しておこう。

アジ → P98

ビシにコマセを詰めて、アジをポイントに集めて釣る。一度釣れはじめると、数釣りが楽しめる。

シロギス → P100

海底に張り付いているシロギスは、オモリを着底させ、エサを動かしながら釣る。シロギス用のテンビンが必要。

カワハギ → P102

シロギスと同じく、海底付近にいることが多い。仕掛けにはキラキラと輝き、集魚効果の高い集魚板を付けることもある。

タチウオ → P107

エサを付けず、ルアーで狙うライトジギング（P104参照）という釣り方で狙える。海底から中層、ときには海面にまで顔を出す。

スズキ

タチウオ同様、ライトジギング（P104参照）で狙える。竿やリールはタチウオで使うものと同じで、ルアーを変えればOK。

釣り船の種類を知ろう

釣り船は2種類
乗り合い船と仕立て船

釣り船には、乗り合い船と仕立て船とがある。船釣りの専門誌や新聞、インターネットで探すことができ、料金やその時々で釣れる魚がわかるので、それを目安にどの船に乗るかを決めよう。

2つの釣り船はこんな船

乗り合い船は、出船時刻に集合して規定の料金を支払えば乗船できる、路線バスのような船。仕立て船は、事前予約で船をチャーターする、貸し切りバスのような船だ。

港には多くの釣り船が停泊している。ここから、自分が指定した船に乗り込む。

仕立て船

仕立て船とは、貸し切りの釣り船のこと。事前の予約が必要となり、乗員も予約した人のみとなる。ここで注意しなければならないのが、仕立て船での料金。例えば、「10名まで85,000円、1人増8,500円」という計算方式なので、少人数のチャーターだと料金が乗り合い船よりも割高になることもある。仲間で行くサークルでの釣りに最適だ。

乗り合い船

乗り合い船には、釣り当日に出かけても、船宿規定の料金を支払えば乗船できる「一般乗り合い」と、予約が必要な「予約乗り合い」とがある。乗り合い船は、釣る魚や料金があらかじめ決まっており(例／アジ 6,000円)、定時に出船して定時に帰港する（左ページの乗船時間の目安を参照)。また、原則1人でも乗船できるというのが特徴だ。

事前にアポイントメントを！

船宿を決めたら、次はその船宿に電話をして乗船のアポイントメントをとる。このとき、どんな魚を狙っているのか、料金はいくらか、道具の貸し出しはあるかなどを確認しておこう。

仕立て船のとき

仕立て船の場合は、事前に予約をしておく。そのとき、人数と出船・帰港の時間、責任者の名前と電話番号を話しておくと、欠航時には連絡がもらえる。また、乗船の２、３日前には再確認の電話を入れておくとよい。

乗り合い船のとき

乗り合い船（一般乗り合い）の場合、予約は不要だが（予約乗り合いは別）、人気のターゲットなら、釣り人が多くて乗船できないこともある。釣り日の前日には電話を入れて、出船時間の確認や、釣り人の様子などの情報を得ておこう。

乗船時間の目安

早朝釣り → 4時出港、8時帰港
午前釣り → 早朝出港、昼に帰港
日中釣り → 7～8時出港、15～16時帰港
午後釣り → 13時頃出港、17時頃帰港
半夜釣り → 17時半～18時頃出港、22時頃帰港
夜 釣 り → 20時頃出港、22時半頃帰港

※これらの出港・帰港時間はあくまで目安。船宿によって異なるので事前の確認が必要となる。

POINT

電話で聞いて（話して）おくこと

・事前の乗船予約が必要か
・乗船日
・出船、帰港時間は何時か
・どの魚を釣りたいのか
・どんな釣り方で釣るのか
・料金はいくらか
（エサ、氷代は含まれているのか）
・貸し道具（竿やリール）はあるか
（そのときの料金はいくらか）
・使うオモリの重さと仕掛けの確認
・座席はどのように決めるか
・トイレを完備しているか
・駐車場の有無
・ビギナーなら、その旨を話す

※ライトタックルができない船宿もあるので、ライトタックルができるかどうかを確認すること。

下準備は前日までに! はやめの準備で乗船もスムーズ

釣り日前日は、釣り具の忘れ物点検と天気予報を確認して、出船可能かどうかをチェックしよう。船酔いを避けるためにも、睡眠時間はたっぷりと。当日も時間に余裕を持って行動しよう。

船釣りの基本の服装と道具

船釣りでは、波しぶきをかぶることがあるので、レインウェアと長靴は必須。もちろん、ライフジャケットは絶対不可欠。その他は堤防釣りでの道具でＯＫだ。

レインウェア(上下)

むれにくく、撥水性の高いフード付きのものがオススメ。上下セットで売られているものもある。

長靴

スパイク仕様のものは船に傷がつくので禁止。スパイクがついていないブロックソールのものをはこう。

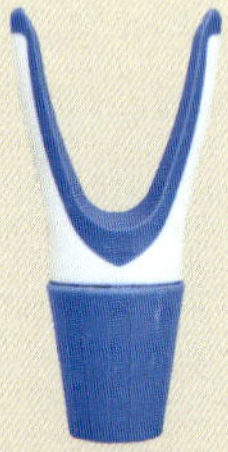

竿立て

竿を置いたり、風による糸のからみを防ぐために使う。船には竿立て穴があるので、そこに取り付ける。

飲み物

喉が渇いても出港したらもう引き返せないので、飲み物は買っておく。昼時の出港なら弁当も用意しておくといいだろう。アルコール類は控えた方がよい。

ライフジャケット

最も普及している、オーソドックスなベストタイプ。浮力を得るためのウレタン素材などが入っている。

仕掛け

魚によって、それぞれに対応した船釣り用の仕掛けが売られている。船宿はもちろん、乗船中にも買える。

乗船までに行うこと

船宿には、出船時間の30分前には到着するようにしておき、乗船手続きを済ませておこう。何をすればいいかわからなくても、船宿の人に聞けば親身に対応してくれる。

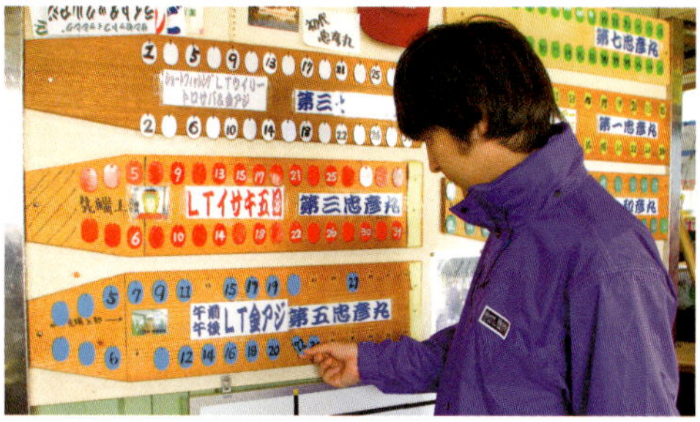

1 船席の確保＆乗船券購入

船席を確保する。手に取った番号プレートが船席になるので、このプレートを持って乗船券を購入する（船宿によって乗船料金のシステム、船席確保の形態は異なる）。

2 受付

名前や住所、電話番号などの必要事項を記入する。道具を借りたいときはこのときに伝える。また、最近の釣果や、帰港の時間などの情報を確認しておいた方がよい。

3 氷の購入

氷を受け取る。氷代は乗船料金に含まれているところがほとんど。氷をもらったら、すぐにクーラーボックスに入れておこう（船宿によっては乗船後の受け取りもある）。

4 船に乗り込む

桟橋から乗船する。停泊している船でも、揺れていたり桟橋から離れていたりすることがあるので、タイミングよく乗り込もう。足元が滑ることもあるので注意が必要だ。

STEP UP

道具も借りられる

船宿では道具の貸し出しのあるところも多い。釣り竿やライフジャケット、ビシオモリを借りるときは、受付時にその旨を伝える（道具の貸し出しが有料なところもある）。

乗船から釣り開始まで

釣り具の準備と釣り座を整え沖に出たら船長の合図で釣る

船に乗り込んだら、出港までの間に釣り具の準備を整え、自分の釣りやすい釣り座を作っておく。出港してポイントに着いたら、船長の合図で釣り始めよう。

釣り具の準備をする

席に着いたら釣り具の準備を。ポイントに到着したらすぐに釣り始められるばかりか、ここで忘れ物に気付けば船宿で借りることもできる。

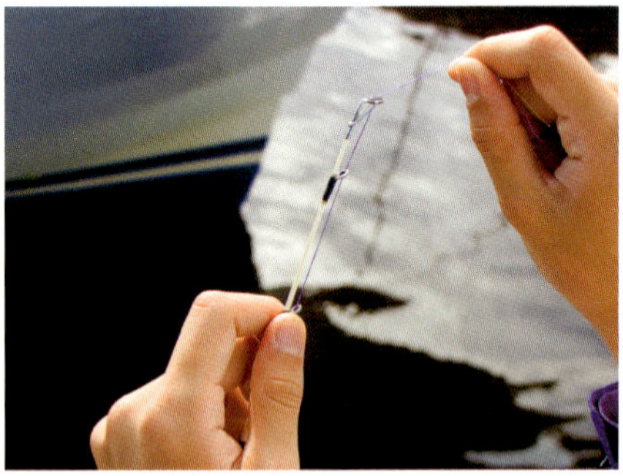

1 ミチイトを通す
竿にリールを装着したらガイドにミチイトを通して竿を伸ばす。

2 竿立てに竿を置く
竿は竿立てに置く。利き手でミチイトを持ち、オモリを付けやすくしておく。

3 オモリをセットする
持っていたミチイトにオモリをセットする。このときは、まだエサを付けない。

4 竿にロープを付ける
竿が船から落ちないようにするために、竿立てと連動させてロープを付ける。

釣り座を整える

船席はスペースが限られているので、道具はコンパクトにまとめておこう。よく使う小物類は、すぐ手の届くところに置いておくと、探す手間が省けて釣りに集中できる。

利き手の近くに道具類やクーラーボックスを置く。目の前の棚には頻繁に使うハサミやタオル、エサ箱を置く。

出港から釣り始めまで

道具の準備と釣り座を整えたら、いよいよ出港。船が沖に出ると速度が上がり、波しぶきをかぶることもある。船が動き出したら、立ち上がらずキャビンや船席で待機しよう。

1 キャビンで待つ
出港したら、船席に座るかキャビンに入るようにする。航行中には立ち歩かない。

2 仕掛けをセットする
船のスピードが落ちてきたら、仕掛けをセットしてエサを準備する。

3 合図が出てから釣り始める
ポイントに到着し、船長からの合図が出たらエサを付けて釣り始める。

POINT

船酔いしないためには

船酔いの原因は、睡眠不足、前夜の暴飲暴食、空腹での乗船が挙げられる。釣り日の前日は、なるべく早く就寝しよう。そうすれば、暴飲暴食も避けられる。そして、朝食はしっかりとっておこう。不安な人は、出港する約1時間前に酔い止めの薬を飲んでおく。船席も、胴の間を確保するとよい。

ライトタックルのメインターゲット アジ

船釣りで最も手軽で人気のある魚。夏～秋には、中型が浅い場所で釣れるのでライトタックルで釣りやすい。

狙えるポイント ライトタックルでは、水深20～30mの場所が釣りやすい。内湾部では、潮が濁る夏からがライトタックルのハイシーズンだ。

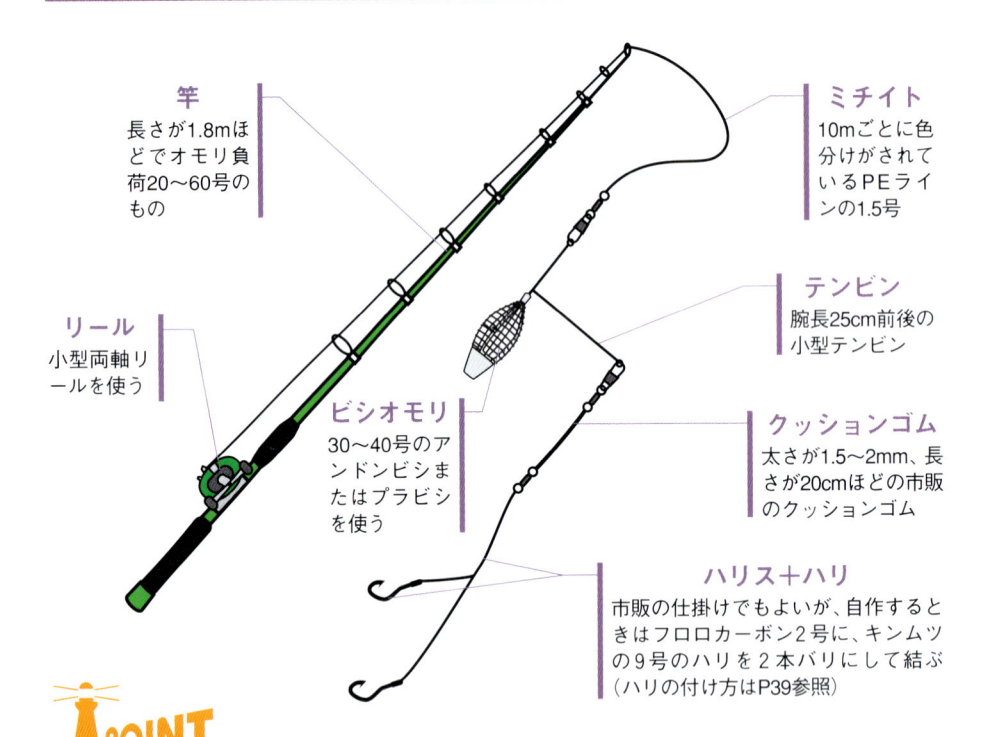

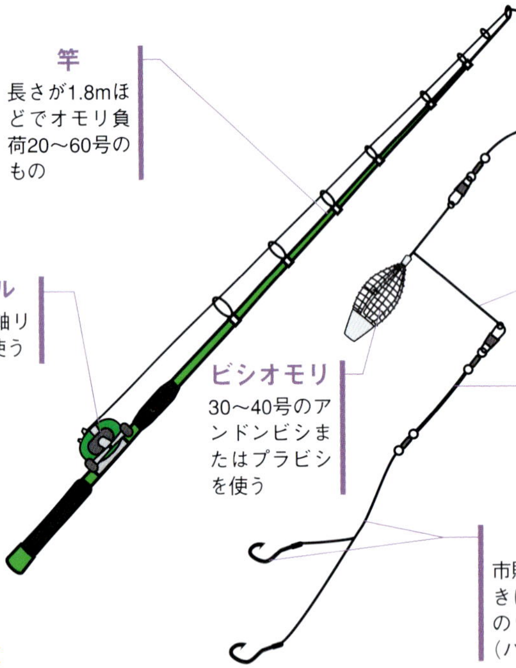

POINT

エサはアオイソメを使用

濁りの強い浅場を釣るライトタックルのアジ釣りでは、水中で光り、匂いも強いアオイソメを使う。

コマセを使って釣る

アジはプランクトンを主食としているので、コマセへの反応がよい。アジ専門に狙うときは、イワシのミンチをコマセにしてアンドンビシを使う。

アジの釣り方

狭い船の中で仕掛けをさばき、効率よく魚を取り込むために、手順を頭に入れたい。タナは海底から2～3mが基本。コマセを撒きつつ、ハンドル1回転＝50cm単位でアタリが出るところを探そう。

1 仕掛けを投入
クラッチを切り、スプールを親指で押さえてハリスを持ってビシを海に入れる。ハリスを放して親指をゆるめ、ビシを海底まで落とす。

2 すばやく糸フケを取る
ビシが海底に付く「トン！」という感触があったら、クラッチを入れてリールを巻き、糸フケを取る。遅れると正確にタナが取れない。

3 コマセを出す
船長の指示ダナまで、1～2回竿を上下させ巻き上げる。ミチイトには、1mごとに目印が付いているので目安にして指示ダナを探る。

4 コマセを詰め替える
3を2回ほど繰り返す。アタリがなければ、仕掛けを巻き上げてコマセを詰め替える。コマセはビシの7～8割入れるのが目安。

5 アタリを感じたらビシを上げる
アタリがあったら一定のペースでリールを巻く。ビシが海面に見えたら竿を立てて左手でビシを取り、コマセバケツに入れる。

6 竿を置いて魚をつかむ
竿を竿立てに置いて右手でハリスをつかみ、両手で大きくハリスをたぐって魚を取り込む。なお、大型の場合は玉網ですくう(P51参照)こと。

LINK! ハリの付け方▶P39、玉網の使い方▶P51

船釣りの定番

シロギス

夏～初秋の産卵期には、浅場に20cm級が入り、引きを楽しませてくれる。食味がよく、数が釣れるので船釣り入門に最適。

狙える ポイント｜小さく低い岩礁《がんしょう》が点在する砂底を狙う。根掛かりも少なく、夏～秋に狙う水深は10m前後なので、アタリも明快で楽しめる釣りだ。

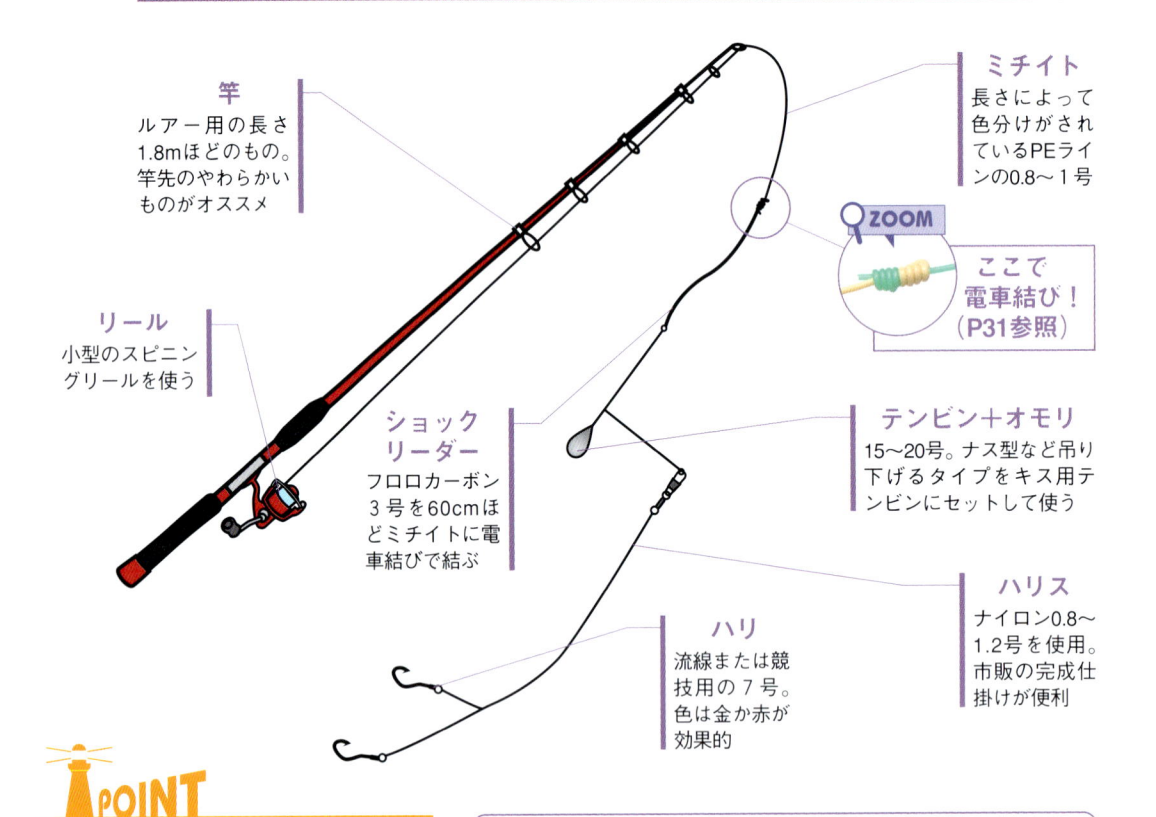

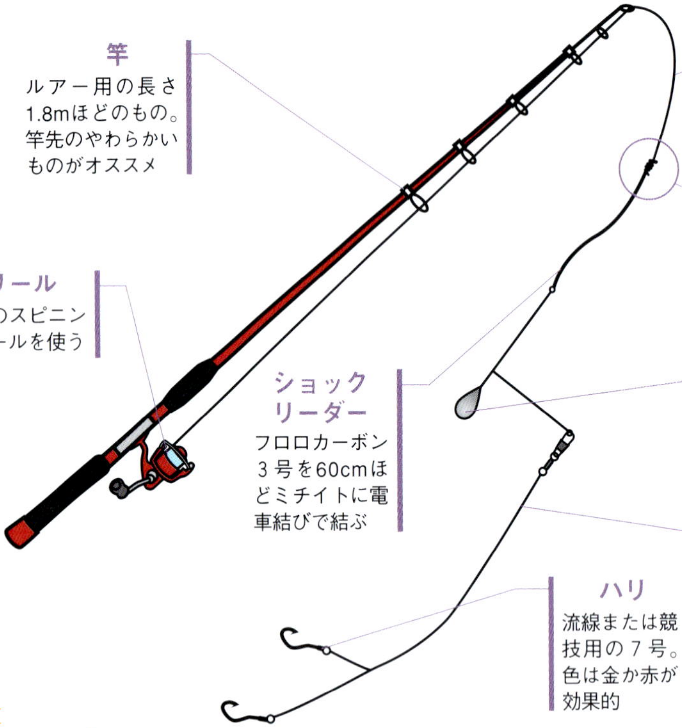
リール
小型のスピニングリールを使う
ミチイト
長さによって色分けがされているPEラインの0.8～１号
テンビン＋オモリ
15～20号。ナス型など吊り下げるタイプをキス用テンビンにセットして使う
ハリス
ナイロン0.8～1.2号を使用。市販の完成仕掛けが便利

ここで電車結び！（P31参照）

POINT

ハリの種類は２種類

食い込みは、細軸の競技キスのほうがよいが、食いがよいときは丈夫な流線で仕掛けを再投入するスピードアップを狙う。

エサの付け方で釣果は変わる

イソメは、ハリにあわせてカットしてハリの軸にまっすぐ通し刺し（P23参照）にする。エサのタラシは１cm以内。きちんと付けないと、釣果が落ちるので注意しよう。

シロギスの釣り方

シロギスは、海底から30cm以内のタナを泳いでいる。仕掛けを動かさなくても釣れることがあるので、最初は船下狙いでもＯＫ。慣れてきたら広範囲を探って釣果を伸ばそう。

1 仕掛けを落とす
ミチイトを指に掛けてリールのベイルを返し、オモリをつまんで仕掛けを船外に出す。軽く前方に振り込んだら、ミチイトを離す。

2 オモリ着底後、糸フケを取る
出てゆくミチイトに手のひらでブレーキを掛けながらオモリを沈めていく。着底したら、リールのベイルを返して、糸フケを取る。

3 仕掛けを上下させる
オモリを海底から30〜50cmのところまで竿で持ち上げ、竿を下げながら海底を小突くように着底させる。これを繰り返し、仕掛けを動かす。

SPECIAL ADVICE

エサと仕掛けの両方をチェック

アタリがないときは、仕掛けがからんでいるかエサがないことが多い。3分に１回はチェック。エサも交換しよう。

STEP UP

仕掛けを投げて動かしながら釣る

10m以内の浅場なら堤防釣りのように、仕掛けを投げて誘うのも有効だ。このときは、必ず竿を下から上に振り上げるアンダースロー（P26参照）で投入しよう。

アンダースローで10mほど投げて仕掛けを着底させる。

竿を左右に動かし、オモリを引きずって誘う。

LINK! 電車結び ▶ P31、通し刺し ▶ P23、アンダースロー ▶ P26

上級者も虜にするターゲット

カワハギ

微妙なアタリと強烈な引きが特徴の人気魚。専用竿も多いが、夏～初秋ならキスと同じタックルで十分に楽しめる。

狙えるポイント　水温の高い時期は、浅場の砂底に点在する小さな岩礁《がんしょう》を狙う。スピニングリールでは、水深20m以内が釣りやすいポイントになる。

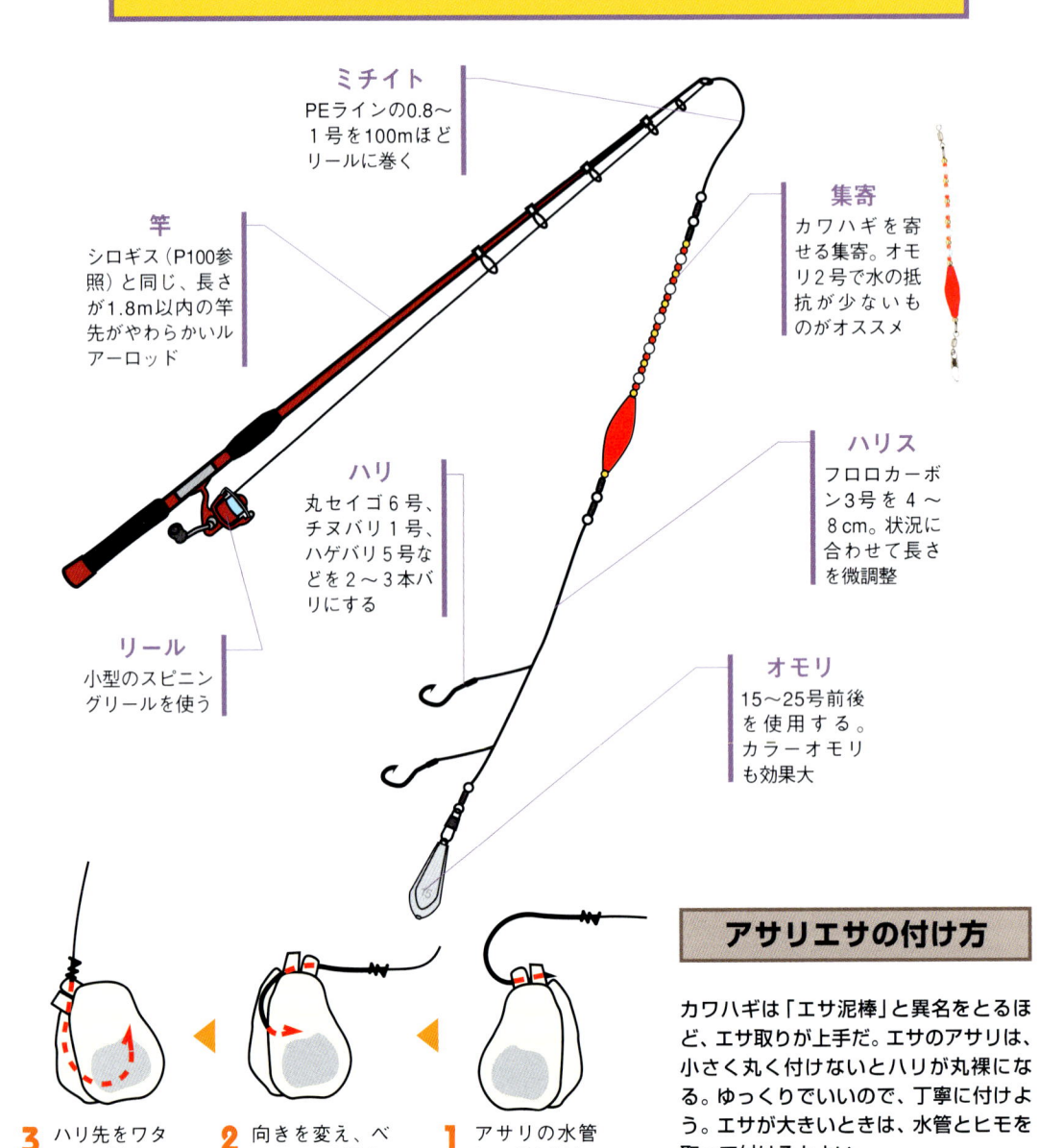

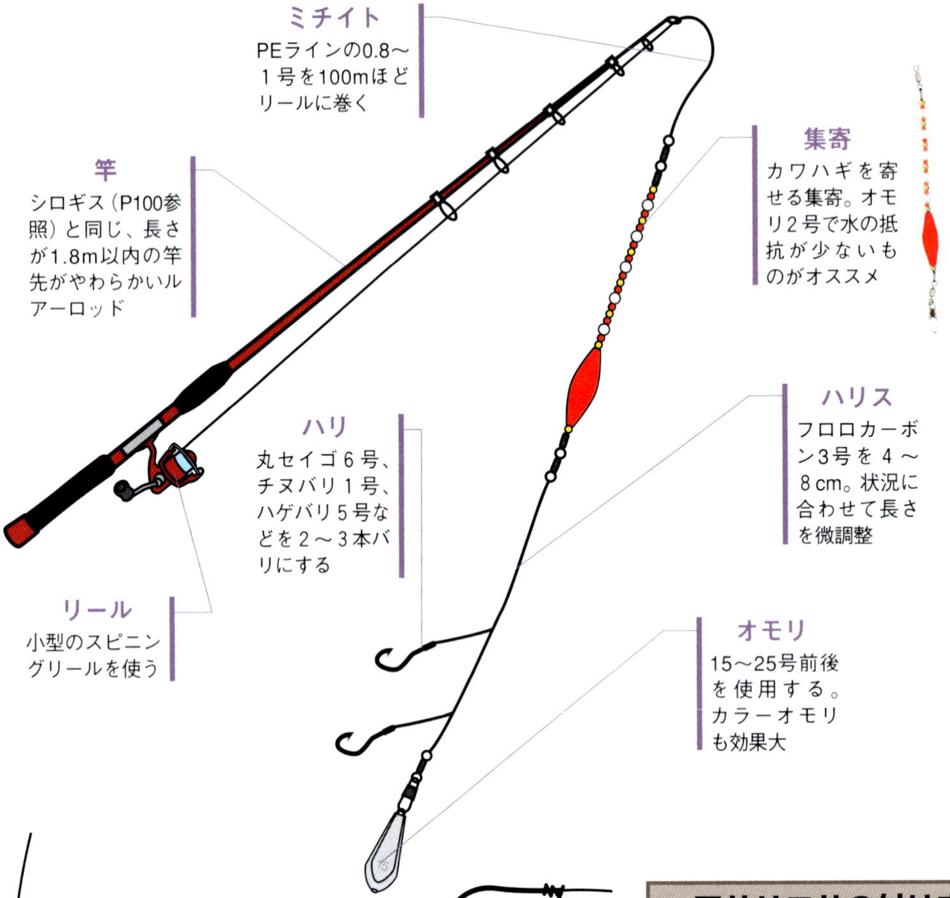
ミチイト
PEラインの0.8～1号を100mほどリールに巻く
竿
シロギス（P100参照）と同じ、長さが1.8m以内の竿先がやわらかいルアーロッド
リール
小型のスピニングリールを使う
ハリ
丸セイゴ6号、チヌバリ1号、ハゲバリ5号などを2～3本バリにする
集寄
カワハギを寄せる集寄。オモリ2号で水の抵抗が少ないものがオススメ
ハリス
フロロカーボン3号を4～8cm。状況に合わせて長さを微調整
オモリ
15～25号前後を使用する。カラーオモリも効果大

アサリエサの付け方

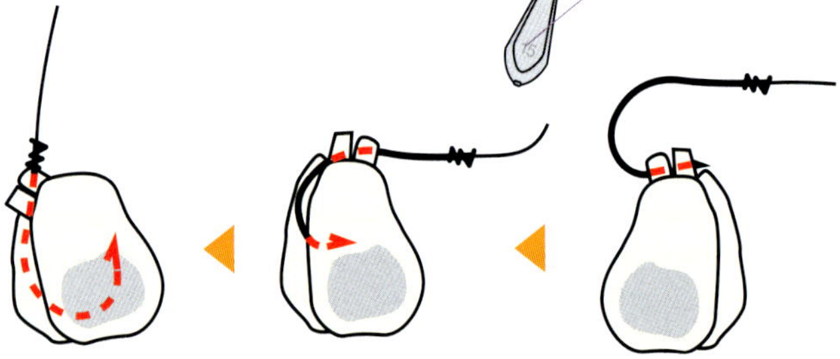

1 アサリの水管にハリを刺す。

2 向きを変え、ベロにハリを通す。

3 ハリ先をワタの中に隠す。

カワハギは「エサ泥棒」と異名をとるほど、エサ取りが上手だ。エサのアサリは、小さく丸く付けないとハリが丸裸になる。ゆっくりでいいので、丁寧に付けよう。エサが大きいときは、水管とヒモを取って付けるとよい。

カワハギの釣り方

カワハギは、中層にあるエサよりも海底にあるエサの方が、積極的に飲み込んでくれる。この釣りでは、仕掛けをできるだけ寝かせて釣るように竿を操作するのがポイント。

1 仕掛けを投入する

オモリを手に持ち、仕掛けを引っ張る。こうして竿先にテンションを掛ける。手を放して振り子の要領で仕掛けを前方に投入する。

2 糸フケを取る

オモリの着底後、ベイルを返し、リールを巻いて糸フケを取る。このとき、アタリがなくてもアワセを入れると掛かることもある。

3 竿を下げる

集寄を着底させるために竿を下げる。このとき、ラインが流れてオマツリにならないよう、糸フケが最小限になるように気を付ける。

4 竿を上げる

一呼吸したら、ゆっくり竿を上げて仕掛け全体を張る。これはアタリを確認するとともに、エサを動かし、アピールする誘いでもある。

5 アタリがあったら竿を上げる

竿を上げる途中で違和感があったら、そのまま竿を上げつつ、すばやくリールを巻いて魚をハリに掛け、水面まで一気に巻き上げる。

STEP UP

アタリを出すには 変化のある誘いを！

カワハギは、同じ誘い方で釣れることは少ないので、誘いには変化をつけたい。仕掛けを着底させたら、竿を下げたまま鋭く振ってエサを食いにくくし、止めた瞬間にカワハギが興奮して飛び付く「叩き釣り」も試してみよう。カワハギが海底より上にいることもあるので、底から50cmぐらいはタナを探ろう。

Part 3 船でライトジギング！

ルアーを使って 船釣りを楽しむ

軽いタックル＆極細ラインのライトジギングは、誰でも楽しめる船のルアーゲーム。タチウオとスズキは格好のターゲットなので挑戦してみよう。

ライトジギングで狙える魚

- タチウオ(P107)
- スズキ など

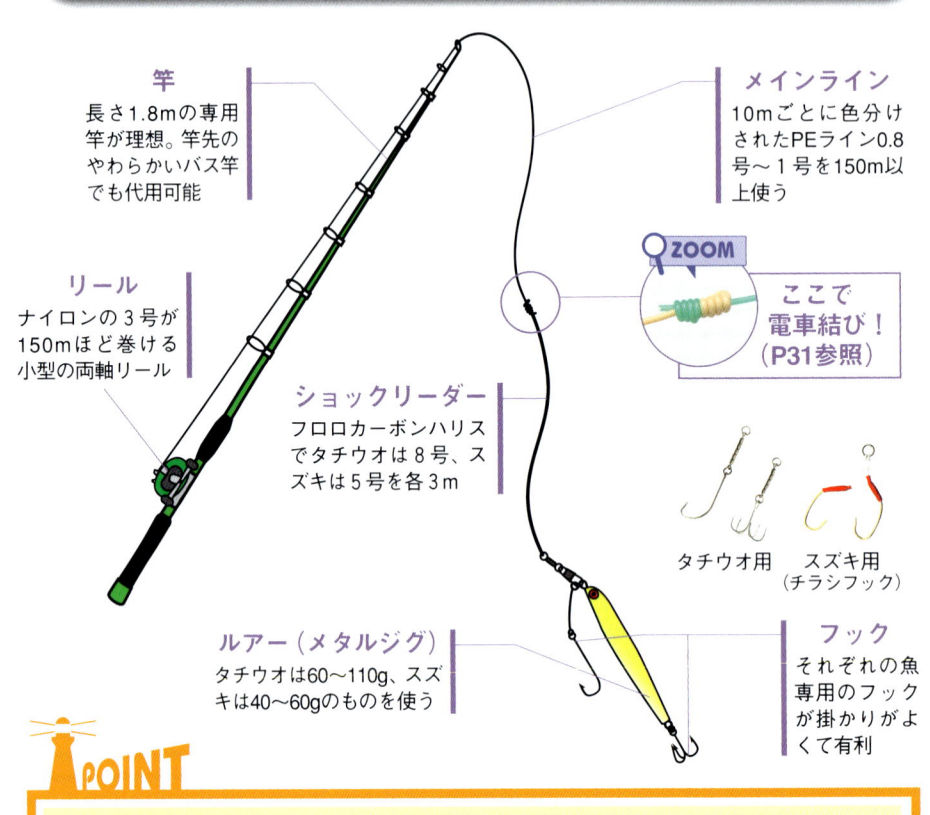

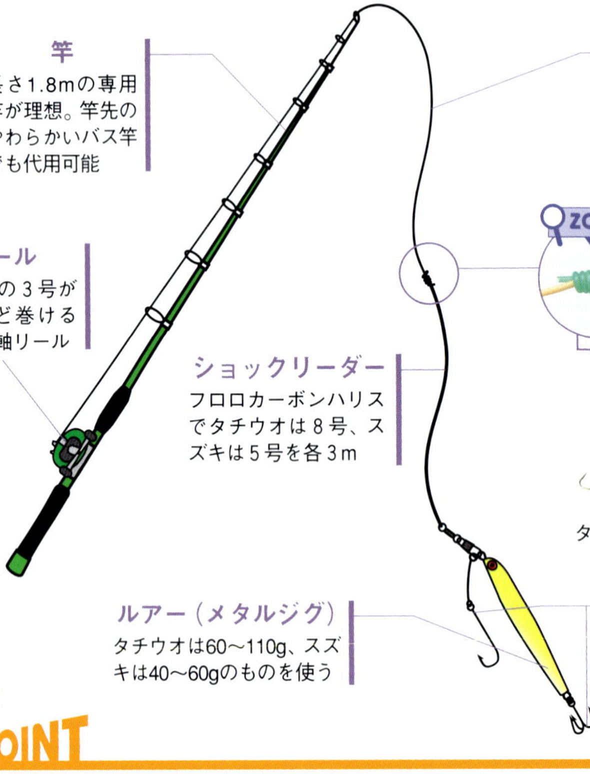

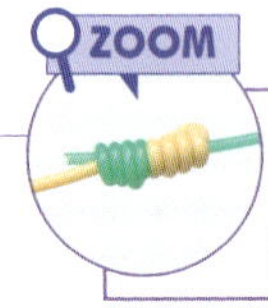

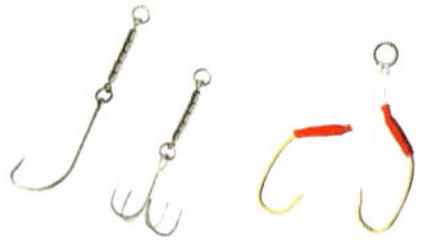

POINT

テール重心タイプ
高速で沈むので、潮がはやいときに有利。

センター重心タイプ
引き抵抗が軽いのが特徴。ヒラヒラ動きながら沈む。

メタルジグの種類

メタルジグは沈下中にヒラヒラ動くもの（センター重心）と、高速沈下でタナを直撃できるもの（テール重心）がある。この2種を状況に応じて使い分ける。

メタルジグのセッティング

メタルジグはフックを使い分けることで、様々な魚種に対応可能。ここではタチウオとスズキの基本パターンを紹介する。このセッティングには「スプリットリングプライヤー」があると便利だ。

[タチウオを狙うとき]

1 スナップをリーダーに結ぶ
メタルジグの色やタイプは状況に応じて変えるので、すばやく交換できるようにショックリーダーにスナップを付けておくと便利。

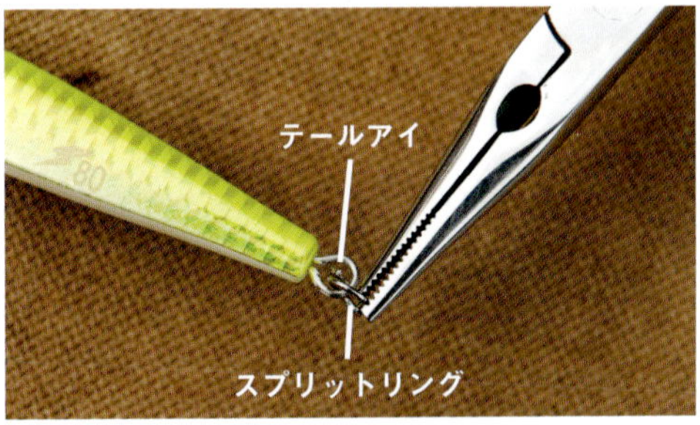

2 スプリットリングを付ける
スプリットリングをメタルジグのテールアイに付ける。スプリットリングのサイズはタチウオのフックに対応する#4前後がよい。

3 フックをメタルジグに付ける
スプリットリングプライヤーでスプリットリングを開いてフックをリングに通す。タチウオには専用の4本フックの#2がオススメ。

4 メタルジグをスナップサルカンに掛ける
タチウオはジグの中央後部を狙って食い付くので、専用のアシストフックとともにメタルジグをスナップに通す。

[スズキを狙うとき]

1 メタルジグの後ろにリングを付ける
スプリットリングを開いてチラシフックのリングを挟む。このまま、メタルジグ後部のテールアイに通していくと手間が省ける。

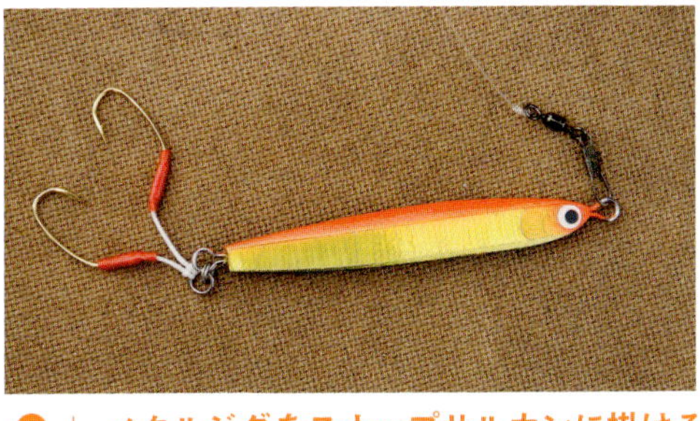

2 メタルジグをスナップサルカンに掛ける
スズキの場合は専用フックを付ければ、沈下中でも巻き上げているときでもハリが口に吸い込まれるので、アシストフックは付けない。

ライトジギングの釣り方

釣り方の基本はタチウオもスズキも同じ。高速で沈むジグの特性で魚を寄せ、巻き上げや竿を上下させて食わせる。ジグが沈むときにも食ってくるのでラインの変化があったらすぐにアワセよう。

1　ジグを投入する

いつでも投入できるようにリールのクラッチレバーを押し、スプールをおさえておく。船長の合図と同時にメタルジグを海中に沈める。

2　ミチイトの色で水深を見る

「○～○mを狙って」という船長の指示があればミチイトの色で水深を計算する。指示がないときは、海底まで落とす。

3　竿を上下させる

クラッチを入れ、リールを巻きながら竿を軽く上下させる。リール１回転で１回竿を上下させる。これを繰り返す。

4　再度ジグを沈める

ショックリーダーの結び目が見えたらクラッチレバーを押し、ジグを沈める。タナを指示されたときは上限から10mまで上げたら沈める。

魚が掛かったら

ジグを巻き上げているときに魚が掛かったら、竿の角度を水平よりやや高く上げてリールを巻く。竿で持ち上げるとミチイトがゆるんで針が外れてしまう。

POINT

ただリールを巻くだけでもOK

竿を上下させながらリールを巻くことができない人は、リールをただ巻くだけでも充分釣れる。このとき、リールを巻く速度を一定にすることがポイント。

夏の人気ターゲット タチウオ

エサとなる小魚を追って、神出鬼没の行動を見せることから「幽霊魚」とも呼ばれる。1mを超えるものも多い。

狙えるポイント　浮き袋を持っていないため、水面直下～水深100mまでを泳ぎ回る。夏場には水深20m前後の場所にいるため釣りやすくなる。

ジグが沈むときにアタリを取る

タチウオは沈むジグを下から突き上げるように食うことが多い。このときのアタリが取れると、釣果が大きく違ってくる。ここでは、そのテクニックを紹介する。

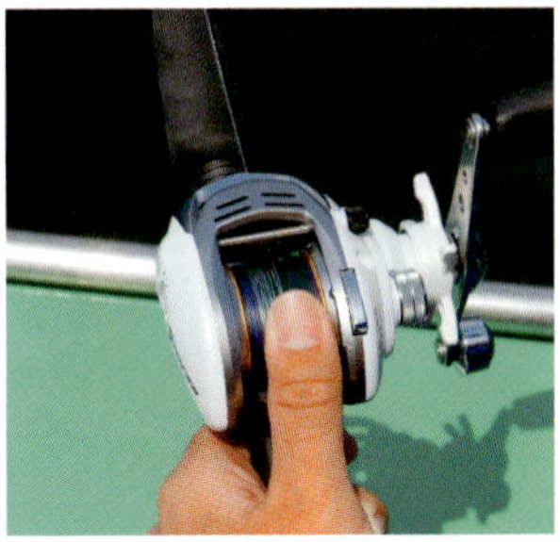

1 糸フケをセーブする
親指でスプールに軽くブレーキを掛けて、糸フケを出さないようにする。

2 スプールをおさえる
ジグが沈むときにラインに変化があればスプールをおさえてアワセをする。

3 アタリを感じたらハンドルをまわす
魚が掛かったらクラッチを入れて巻く。

SPECIAL ADVICE

鋭い歯に注意！

タチウオの歯はカミソリ以上に鋭く、一瞬にしてエサのイワシを両断し、メタルジグの塗装もボロボロにする。釣り上げたら、噛まれないように注意したい。エラの下を強く握ると、おとなしくなるので、そこをつかんでプライヤーでフックを外そう。

1

エラの下ぐらいをしっかり握る。大型の場合は、逆に腹側のエラを潰すように握るとよい。

2

プライヤーでフックの軸をしっかり挟み、フックを左右にえぐりながら抜くとよい。

船釣りを楽しむには
周囲に迷惑を掛けないこと！

船では他のお客さんと一緒に釣りをすることになる。みんなが気持ちよく釣りを楽しめるよう、ルールやマナーをしっかり意識して、必ず守るようにしよう。

船長さんの指示に従う

仕掛けの上げ下げなど、船長の指示はきちんと守ろう。また、船長は釣り人を常に見ているので、ひとりだけ釣れていないようなら、アドバイスをしてくれることもあるだろう。

SPECIAL ADVICE

勝手な判断は禁物！

わからないことがあったら、勝手に判断しないで、船長さんに聞こう。自分勝手な判断が周囲に迷惑をかけることになる。

狙うタナがアナウンスされる

船長は、釣り開始の合図とともに、どのあたりを狙えばよいかの指示をしてくれる。魚がいるタナを教えてくれるのだ。

オモリの重さを揃える

複数の人が同時に仕掛けを下ろし、そこに潮の流れが加わると、仕掛けがからみやすくなる。これを防ぐため、オモリの重さを揃える。

SPECIAL ADVICE

自信がなければ落とすだけでOK

仕掛けをその場に落とすだけでも大丈夫。魚のいるポイントにいるので、これでも充分釣れるのだ。

キャストはアンダースローで

船の上はスペースがないので、仕掛けを投げるときはアンダースロー（P26参照）が鉄則だ。投げるときに海面にエサが触れているとエサが外れやすくなるので注意。

色分けされたPEラインを使う

船では自分の仕掛けが水深何mのところにあるかを確認する必要がある。そのため、10mごとに色分けされているPEラインを使うのだ。

船釣りのマナー

- **酒類は持ち込まない**
- **体調が悪いときは船に乗らない**

船の上にビールなどの酒類を持ち込むのは避けた方がよい。酔って船から転落する可能性もある。また、体調が悪く、船で症状が悪化した場合は全員が釣りを中断して港に船を戻さなくてはならないことも。それを防ぐためにも、体調が悪いときは乗船を控えることも重要。ゴミはすべて持ち帰らなければならないので、ゴミ袋は忘れずに用意しておこう。

LINK! アンダースロー ▶P26

Part 4

釣った魚を料理しよう

釣った魚を新鮮なうちに料理するのも、釣りの魅力のひとつ。
しかし、魚は生もの。持ち帰り方にも注意を払おう。
釣った魚をいかにおいしく食べるか。これが釣りの帰宅後の楽しみだ。

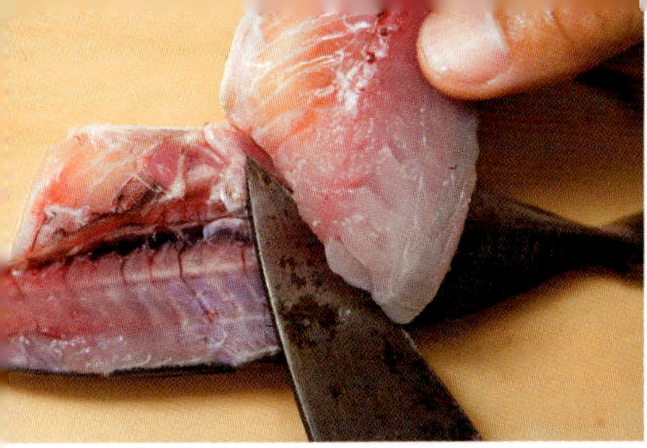

釣った魚の持ち帰り方

魚は活き締めで鮮度を保ち クーラーボックスで持ち帰る

魚を釣ったら、その場で急所にナイフを入れて活き締めにすると、鮮度を保てる。そして、氷を入れたクーラーボックスに入れて持ち帰る。これが、釣った魚をおいしく料理するための鉄則だ。

活き締めに必要な道具はコレ

ナイフ

折りたたみ式のものだと使いやすい。安全面でも◎。

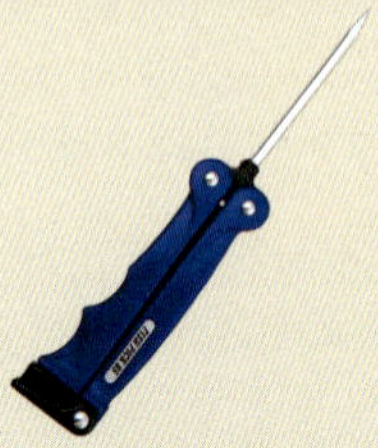

ピック

タコ、イカの活き締めに必要なアイテム。

バケツ

素手で締めた魚の血をサッと洗うときに。

釣った魚の活き締め

活き締めは、ナイフを使うのが一般的。アジなど小型の魚なら、エラに指を突っ込んで血を抜く。タコやイカの場合は、ピックのような先のとがったものを突き刺す。

[基本の締め方]

1

エラの後ろにナイフを入れて血を抜く。

2

尾の付け根にナイフを入れて血を抜く。

［手で締める］

片手でしっかり魚をつかむ。親指でエラブタを開き、人差し指を突っ込む。

人差し指でエラをかき出したら、親指と人差し指でエラをつまんでむしり取る。

エラをむしり取った状態。釣り上げた直後に行うと、ワタも一緒に取ることができる。

POINT

活き締めをするときの注意点

ナイフ、ピックの扱いには注意が必要だ。活き締めをした後は、すぐに折りたたんだりケースに入れたりして、刃を露出しないようにすること。

［タコ・イカ］

タコやイカは目と目の間にピックを刺す。先の尖ったキリ、ナイフでもＯＫ。墨を出すかもしれないので、気を付けよう。

クーラーボックスの上手な使い方

釣った魚は、冷えたクーラーボックスに入れて持ち帰ろう。ここでのコツは、氷をたっぷり使って冷やすこと。市販されている板氷や、ペットボトルを凍らしたものを使うのもいいだろう。

高温時

たっぷりの砕氷と海水で水氷を作り、ビニール袋に密封した魚を入れる。水氷に少々の塩を入れると冷えやすくなる。

通常時

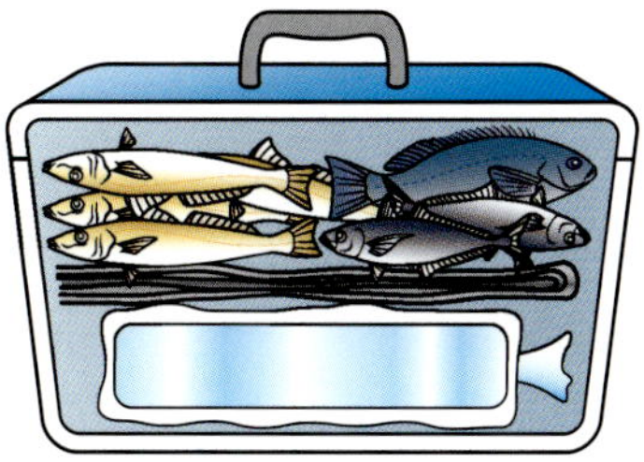

市販されている板氷を袋ごと敷き、新聞紙、魚の順番に置いていく。氷の上に新聞紙を敷くことで、氷の持ちがよくなる。

基本の下ごしらえ

釣った魚を調理するときに面倒なのが下ごしらえ。釣った魚を新鮮なうちに食すためにも、簡単な下ごしらえの方法を覚えよう。
＊包丁やピックを使用するときは、刃先に注意。

［ 包丁でウロコを落とす ］

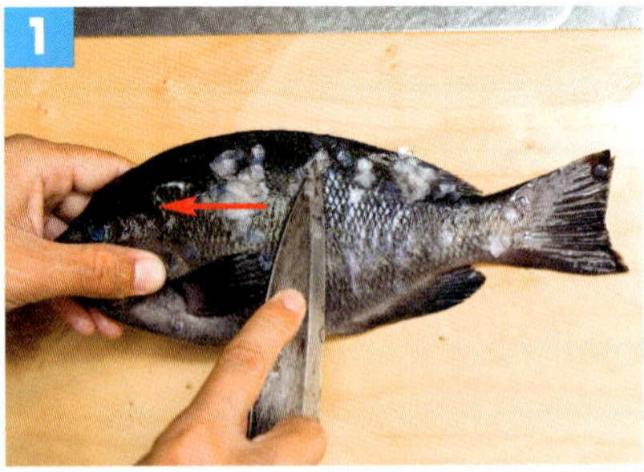

頭をおさえ、胴から頭へ、尾から中へ、ウロコを逆なでするように包丁の背を動かす。

細かい部分は刃先を少し立てて落とし、水洗いする。反対側も同様に。

［ ウロコ落とし器を使う ］

ウロコを逆なでするように動かす。包丁の刃先を使わずに落とせるので安全だ。

［ エラを取る ］

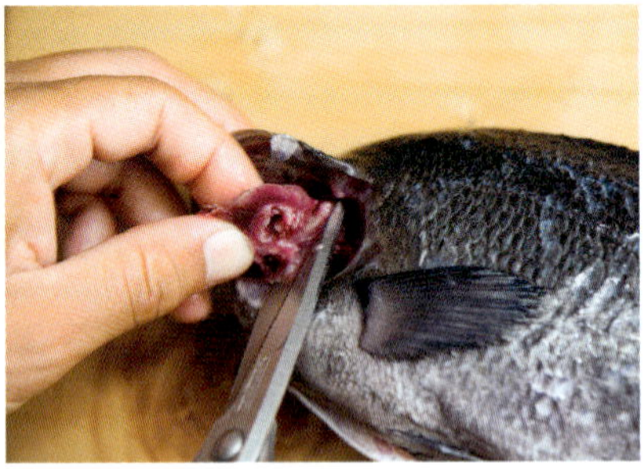

エラブタにキッチンバサミを入れて切り取る。小型魚は手で締めても（P113参照）OK。

［ ワタ（内蔵）を取る ］

胸ビレをつまみ、腹の下身から魚の口に向かって包丁を入れる。

水を流しながらワタを取り出す。血はよく洗い流す。

魚のさばき方

下ごしらえの後は、いよいよ魚さばき。コツをつかめば、板前のようにさばくことができる。ただし、ここからは魚の水洗いは厳禁。下ごしらえした魚の味が落ちるので、ふきんで拭おう。

[三枚おろし]

ヒレをつまんで持ち上げ、後ろから魚の頭に包丁を入れて落とす。

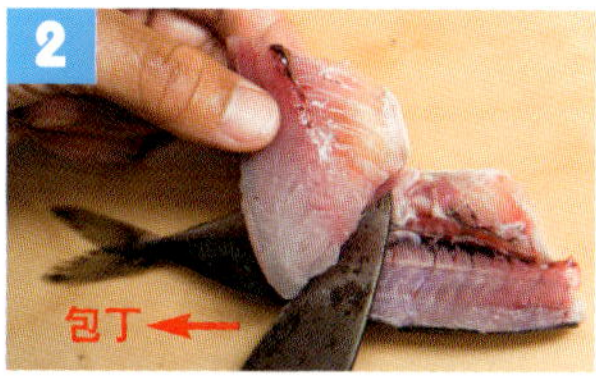

尾を左側に向けて、1の切り口から背骨に添って包丁を入れる。

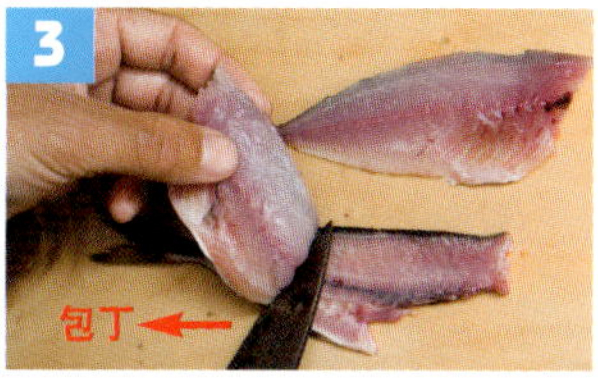

反対側の身も2同様に包丁を入れていく。

[アナゴのさばき方]

ピックで頭をまな板に固定し、尾に向かい背中から包丁を入れる。

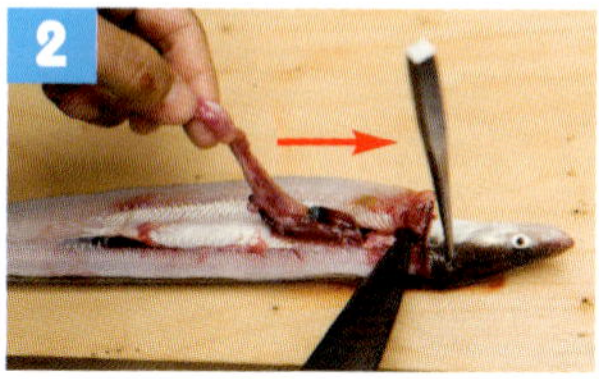

腹を残しながら尾まで包丁を進めて開いたら、ワタを取り出す。

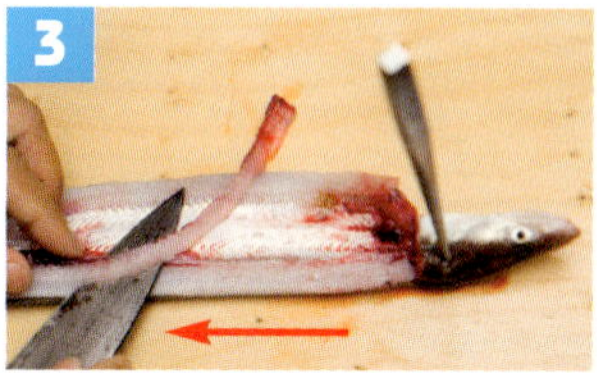

中骨の下に包丁を入れ、尾に向かって身から切り離していく。

[手開き]

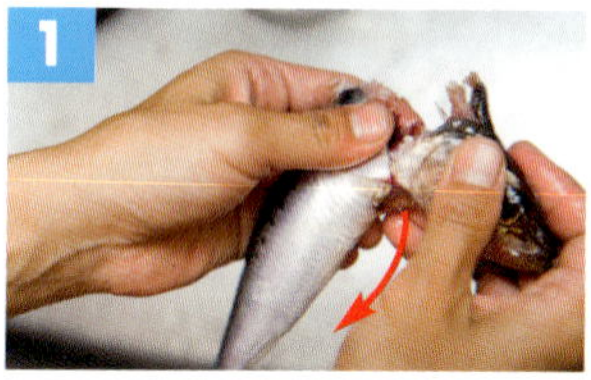

親指と人差し指で頭を折り、腹から尾にかけて裂いてワタを取る。

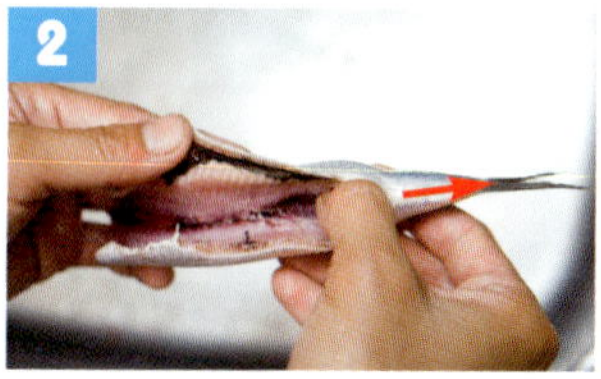

腹に親指を入れ、骨と身をはがすように尾に向かって指を動かす。

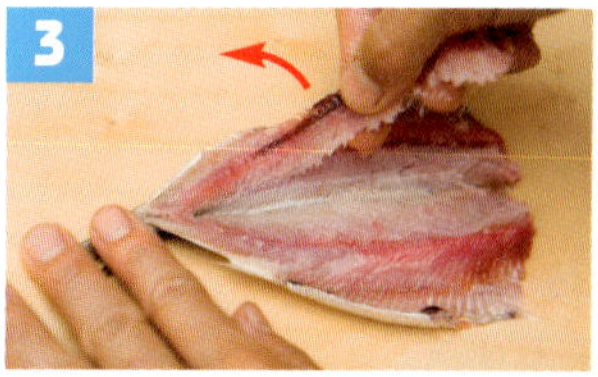

開いたら中骨を持ち上げ、取り除く。中骨と一緒に小骨も取れる。

[皮を引く]

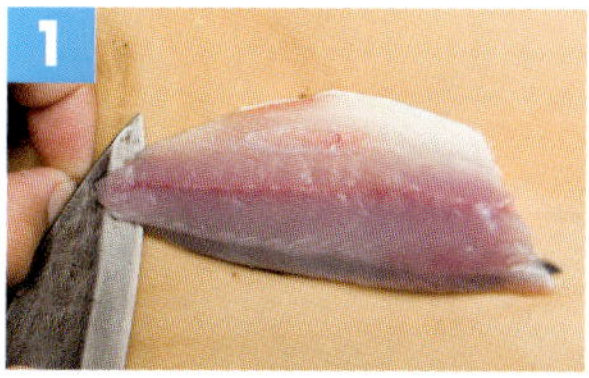

魚の皮を下にして、尾から皮と身の間に水平に包丁を入れる。

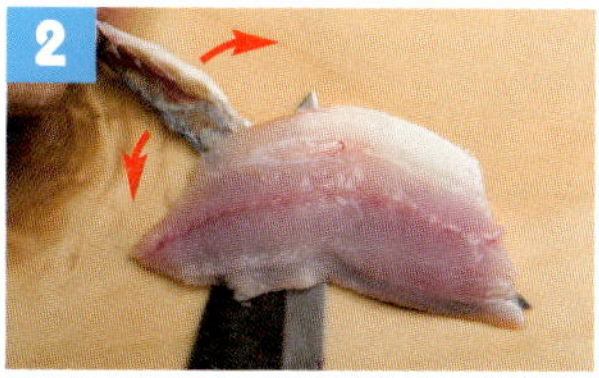

皮を左右に引っ張りながら包丁を進める。

[手で皮を引く]

逆手で魚を固定し、利き手で皮をつまみ、はいでいく。

LINK! 手で締める ▶ P113

01

イワシのミリン干し

イワシがたくさん釣れて食べきれないときは、ミリンにつけて干してしまおう。おかずはもちろん、おやつにもOKだ。

作り方

1. シコイワシは手開き（P115）にして、塩水（分量外）の中で一度血やワタの残りをよく洗う。再び塩水を用意し、10分ほどつける。
2. 塩水から上げ、醤油とミリンを混ぜたものにつける。つけすぎると味が濃くなるので、つけ時間を30分程度にするとよい。
3. ザルや干し網にのせ、白ごまを全体に振ってから、風通しのよい場所で半日ほど干す。

材料（2人分）

シコイワシ	20匹
塩	適量
醤油	1/2カップ
ミリン	1/2カップ

丸干しなら簡単！

シコイワシを塩水に30分～1時間ほどつけ、1日干せば丸干しが完成。

02

イワシのオイルサーディン

オリーブオイルとハーブで煮て作る、簡単おかず。ご飯はもちろん、パスタやサラダと混ぜても相性バツグンだ。

作り方のコツ!

イワシの臭みを取る

ハーブ類やニンニク、トウガラシは風味が増すだけでなく、魚の臭みも取ってくれる。

作り方

1. シコイワシは頭を落とし、ワタを取ってから軽く塩をふる。30分ほど置き、キッチンペーパーで魚から出た水分をふき取る。
2. フライパンにシコイワシを並べ、オリーブ油をシコイワシがつかるくらい注ぐ。その上に切ったハーブ類、種を取ったトウガラシ、ニンニクをのせる。
3. 常に弱火をキープして、15分ほど揚げ煮する。粗熱を取ったら、油ごと密封容器に入れて保存する。

材料（数人分）

シコイワシ	20匹
塩	適量
オリーブ油	適量
ローズマリー	2枝
セージ	1枝
ローリエ	2枚
トウガラシ	2本
ニンニク	2～3片

さばき方

ワタ取り（P114）

03

アジの刺身

堤防釣りの人気ターゲットであるアジ。アジの調理法はいろいろあるが、中～大型なら刺身やタタキがオススメだ。

薬味野菜との相性抜群 タタキも絶品！

アジはショウガやネギなどの薬味野菜との相性がよいので、タタキにするのもオススメ。

作り方

1. アジは頭とワタを取ってから三枚におろし、腹骨を薄くはぐように取り、皮を引く。大型のアジなら、中央の小骨を抜く。
2. 器にはツマ用のおろし金で作った細切りの大根と大葉を敷いておく。ツマは、ほかにワカメ、キュウリ、カイワレなどでもよい。
3. よく切れる包丁（刺身用の柳刃包丁がベスト）でアジの身を斜めに切り、盛り付ける。

材料（2 人分）

アジ	2匹
大根	適量
大葉	適量
ワサビ	少々

さばき方

ワタ取り（P114）
三枚おろし（P115）
皮を引く（P115）

04

アジの塩焼き

魚の味と香りを楽しむには、塩焼きが一番。シンプルな味付けで、素材のよさを舌と鼻で存分に楽しもう。

作り方のコツ!

鉄弓で遠火の強火

ガス台に焼き網をのせ、鉄弓（焼き物用スタンド）を使えば、理想的な火加減で焼ける。

作り方

1 アジはエラとワタを取ってからよく洗い、キッチンペーパーで水気をふき取る。そして表裏に薄く塩をふり、しばらく置く。

2 魚をくねらすように串を打ち、再び塩をふる。ヒレや尾に化粧塩（飾りとコゲ付き防止をかねた塩）をすると、焼き上がりが美しい。

3 盛り付けで上になる側から、鉄弓もしくはガスレンジのグリルで焼く。串を抜き、大根おろしを添える。

材料（2人分）

アジ	2匹
塩	適量
大根	少々

さばき方

エラ取り（P114）
ワタ取り（P114）

05

イシモチの**カルパッチョ**

身が締まったイシモチは、刺身でいただくのが美味。舌に感じる微妙な甘みとプリッとした食感が、やみつきになる。

作り方のコツ!

オリーブ油は上質なものを

ドレッシングに使うオリーブ油は、少々高くても品質の良いものを使うと断然おいしくなる。

作り方

1. イシモチは頭を落としてから三枚におろし、腹骨を薄くはぐように取り、皮を引く。小骨が気になるようなら抜いておく。
2. オリーブ油、酢、塩・コショウを混ぜて、ドレッシングを作っておく。バジルやローズマリーなどのドライハーブ（分量外）を加えてもおいしい。
3. 身を薄くそぎ切りにして並べ、リーフレタスを添える。ドレッシングと刻んだパセリを散らす。

材料（2人分）

イシモチ ……… 1～2匹
オリーブ油 …… 大さじ2
酢 …………… 大さじ2
塩・コショウ ……… 少々
リーフレタス ……… 適量
パセリ …………… 少々

さばき方

三枚おろし（P115）
皮を引く（P115）

06

メジナのハーブ焼き

磯臭さが気になるメジナにぴったりなのが、この料理。メジナにハーブを詰めて焼けば、香りも味もグンと高まる。

作り方のコツ!

内側にもハーブを詰める

エラブタと腹の中にもハーブを詰めるとハーブの香りが魚の身に移り、おいしさが増す。

作り方

1 メジナはウロコを落とし、エラとワタを取って洗い、水気をふき取ってから、塩・コショウをまんべんなくふる。

2 オーブンの天板にハーブを敷き、腹とエラブタの中にもハーブを詰めてからメジナを置き、上からもハーブをのせる。

3 全体にオリーブ油をまわしかけ、200℃程度のオーブンで約20分焼く。焼き色がついたらでき上がり。

材料（2人分）

メジナ ‥大きめのもの1匹
塩・コショウ ‥‥‥‥適量
ハーブ ‥‥‥‥‥‥‥適量
（ローズマリー、フェンネル、セージ、タイムなどをお好みで）
オリーブ油 ‥‥‥‥大さじ6

さばき方

ウロコ落とし（P114）
エラ取り（P114）
ワタ取り（P114）

07

メバルの煮付け

飾り包丁に煮汁が染み込む煮付けは、魚の定番料理。素材本来の旨みを残すためにも、ほどよい煮加減が大切だ。

作り方のコツ!

十字の切り込みで火の通りがアップ

身の厚い背中の部分に十字の切り込みを入れると、火の通りがよくなり、味もよく染み込む。

作り方

1 メバルはウロコを落としてからエラとワタを取り、よく洗う。水気をふき取ってから、背中に十字の切り込みを入れておく。

2 浅い鍋かフライパンで醤油、ミリン、日本酒を煮立て、メバルを入れる。アルミホイルで作った落としブタをかぶせ、たまに煮汁をかけながら中火で10分ほど煮る。

3 切って下ゆでしたゴボウを加え、さらに3分ほど煮る。

材料(2人分)

メバル……………2匹
醤油 …………3/4カップ
ミリン …………1カップ
日本酒 …………1カップ
ゴボウ……………1/4本

さばき方

ウロコ落とし(P114)
エラ取り(P114)
ワタ取り(P114)

08

シロギスの天ぷら

キス料理でオススメなのが天ぷら。塩で食べても、天つゆで食べてもおいしい、クセのない上品な味わいが特徴。

作り方のコツ!

衣は冷水で溶くのがコツ

ネタと衣がよく冷えた状態にしておくと、カラッと揚がる。衣は氷水で溶くのがポイント。

作り方

1. シロギスはウロコを落とし、頭を落としてワタを取って洗う。背中に包丁を入れて開き、尾を残して背骨を取り除く。さばいたら揚げる直前まで冷蔵庫に入れておく。
2. ボウルに卵と冷水1カップ（分量外）を溶き、小麦粉を入れてサッとかきまぜ、衣を作る。
3. シロギスとシシトウを衣に浸し、約170～180℃の油（分量外）で揚げる。皿に盛り、おろした大根とショウガを添える。

材料（1人分）

シロギス……2～3匹
シシトウ……2本
卵……1個
小麦粉……1カップ
大根……適量
ショウガ……適量

さばき方

ウロコ落とし（P114）
ワタ取り（P114）

09

カサゴのから揚げ

料亭で高級魚とされているカサゴを姿揚げに。迫力ある見た目からは想像できないが、その身は驚くほど上品な味がする。

作り方のコツ!

上から油をかける

1匹まるごと揚げる場合は、上からまんべんなく油をかけて揚げると、美しい姿に揚がる。

作り方

1. カサゴはウロコを落としてエラやワタを取り、洗って水気をふき取る。背中に包丁を入れ、背骨に達するまで切り込みを入れる。
2. 塩・コショウをふってしばらく置いた後、染み出た水気をふき取り全体に薄く片栗粉をまぶす。
3. 鍋に油を熱し(分量外)、カサゴを腹から立てて入れる。上からお玉などで油をかけながら、じっくりと5～6分間、カラリと揚げる。

材料(1人分)

カサゴ……………1匹
塩・コショウ ……… 少々
片栗粉 …………… 適量
レモン(くし形切り)…1切れ
パセリ …………… 適量

さばき方

ウロコ落とし(P114)
エラ取り(P114)
ワタ取り(P114)

10

アナゴ丼

アナゴを卵でとじて柳川風に。アナゴの甘みとふんわりした食感が引き立ち、よりおいしくいただける。

作り方のコツ!

素焼きしてから煮る

生の状態から煮ても作れるが、先に素焼きしておくと、生臭さが取れて香ばしい仕上がりになる。

作り方

1. アナゴをさばき、3～4等分する。グリルや焼き網で、両面にほどよい焦げ目が付くまで、じっくりと素焼きにする。
2. 小鍋で醤油、ミリン、日本酒、だし汁を煮立て、アナゴを入れて照りが出るまで5分ほど煮る。
3. 溶き卵をまわし入れてフタをし、半熟になったら火を止める。丼によそったご飯の上にのせ、ミツバを散らす。

材料(1人分)

アナゴ	1～2匹
醤油	大さじ2
ミリン	大さじ2
日本酒	大さじ2
だし汁	1/2カップ
卵	1個
ご飯	茶わん1杯
ミツバ	適量

さばき方

アナゴのさばき方(P115)

11

アオリイカのイカ墨パスタ

レストランとはひと味違う、天然のイカ墨から作るパスタは絶品。身はソテーしてパスタの上に乗せて、一緒に食べよう。

作り方のコツ!

イカ墨はワインで溶く

墨袋から絞ったイカ墨は、少量の白ワイン(分量外)で溶いてから加えると、ダマにならない。

作り方

1 胴と脚を持ってワタを引き抜き、墨袋をそっと取り出す。胴の部分を3、4枚輪切りにして塩・コショウをふり、ソテーする。

2 フライパンにオリーブ油を熱し、ニンニク(みじん切り)を炒め、白ワイン、トマト水煮、白ワイン(分量外)で溶いたイカ墨を入れる。

3 ゆでたパスタをフライパンに加えて2とからめ、塩・コショウで味を整えて皿に盛り、ソテーした輪切りの身を添える。

材料(1人分)

アオリイカの身 ‥‥‥適量
アオリイカの墨 ‥‥1/2パイ分
塩・コショウ ‥‥‥‥適量
オリーブ油 ‥‥‥‥‥少々
ニンニク ‥‥‥‥‥‥1片
白ワイン ‥‥‥‥大さじ2
トマト水煮 ‥‥‥大さじ2
パスタ ‥‥‥‥100〜150g

12

スズキのムニエル

スズキは、刺身や塩焼きなどの和食以外にも、フライやムニエルにも多用される高級魚。幅広く調理できる万能選手だ。

作り方のコツ!

油は多めに敷くとよい

ちょっと多いかな、というくらいのサラダ油を入れて焼くと、皮までパリッと焼き上がる。

作り方

1. 三枚におろしたスズキを、食べやすい大きさに切る。塩・コショウをふり、しばらく置く。
2. 小麦粉を薄くまぶし、サラダ油（分量外）を多めに敷いたフライパンに入れ、両面を焼き上げる。
3. スズキを取り出して皿に盛る。油にはスズキの旨みが残っているので、同じフライパンでみじん切りにしたニンニク、バター、醤油をひと煮立ちさせ、スズキにかける。

材料（1人分）

スズキ ············ 2切れ
塩・コショウ ········ 少々
小麦粉 ············ 適量
ニンニク ············ 1片
バター ············ 10g
醤油 ············ 少々

＜つけあわせ＞
レタス、プチトマト ·· 適量

さばき方

三枚おろし（P115）

13

しめサバ

「サバの生腐れ」といわれるほど鮮度の落ちやすいサバ。サバの調理は、スピーディーに手際よくこなそう。

しめサバは焼いても美味

しめサバを切り分け、マヨネーズをかけてオーブンで焼くと酸味が和らぎ、また違った味わいに。

作り方

1. サバは三枚におろし、腹骨を薄くはぐように取り、身の側に多めに塩をふって1時間ほど冷蔵する。
2. 酢を水（ともに分量外）で倍に薄めて、1でふった塩を洗い流す。昆布を敷いたバットに並べ、酢をかける。30分～2時間程度つけたら、酢から引き上げる。
3. 水気を切り、骨抜きで小骨を抜き、手で薄皮を引く。切り分けて大葉を敷いた皿に盛りつける。

材料（2人分）

サバ	半身～1匹
塩	適量
昆布	20g
酢	1/2カップ
大葉	適量

さばき方

三枚おろし（P115）
手で皮を引く（P115）

14

サバの味噌煮

身が締まったサバは、煮魚にしても絶品。サバの旨みを味噌が引き立て、味に深みが増す。

作り方のコツ!

アルミホイルで焦げ付き防止

あらかじめ鍋底にアルミホイルを敷いておくと、煮汁の焦げ付きや、魚の張り付きが防げる。

作り方

1 サバは頭とワタを取り、洗ってから骨付きで二枚におろし、半身を2、3等分にする。

2 鍋にAと薄く切ったショウガを入れて煮立て、サバの身を入れる。サバに火が通ったら、味噌を煮汁で溶いて加える。

3 ときどき煮汁をすくい、上からかけながら適度に煮詰め、煮汁がサバに絡むまで煮る。皿に盛り付けて白髪ネギをのせる。

材料（1人分）

サバ……………半身

A ミリン………1/2カップ

A 日本酒………1/2カップ

A 醤油…………大さじ1

ショウガ…………1片

味噌…………1/2カップ

長ネギ

（白髪ネギにしたもの）…適量

さばき方

ワタ取り（P114）

二枚おろし（P115の三枚おろしの手順 2 ）

海釣り施設のススメ

ビギナーにとって海釣り施設は絶好の釣り場といえる。その海釣り施設の魅力を紹介しよう。

海釣り施設ってなに？

港湾などの岸壁や堤防に安全柵を張り、釣り人に開放している釣り場を海釣り施設という。海釣り施設によっては、混雑を避けるために桟橋を作っている場所もある。海釣り施設を利用するときは、基本的に入園料が必要となる（1人300～800円程度）。また、施設によって異なるが、タックルを低料金で借りることもできる。釣り具の持ち合わせの少ないビギナーにとっては嬉しいサービスである。
※アイコンについては要問い合わせ

海釣り施設の魅力

魅力1
安全に釣りが楽しめる ▶ 磯などに比べて足場がよく、安全柵があるため家族連れでも安心して釣りを楽しめる。

魅力2
コンスタントに魚が釣れる ▶ 潮通しがよく、人工漁礁《ぎょしょう》が至る場所に沈められている。そのため、魚が多く集まってくる。

魅力3
設備が充実していて快適 ▶ 釣り具売り場や軽食コーナー、タックルのレンタル所、トイレなどの設備が充実している。

海釣り施設ガイド

※2018年11月現在

横浜フィッシング ピアーズ大黒海づり施設

所在地	神奈川県横浜市鶴見区大黒ふ頭20番地先
アクセス	大黒ふ頭出口から車で５分
定休日	施設点検日、年末・年始
料金	基本釣り料／大人900円、中学生450円、小学生300円 観覧料／大人100円、小人50円
問い合わせ先	045-506-3539

※美しい緑の公園が隣接し、みなとみらいやベイブリッジを眺めながら釣りを楽しめる。

エ 仕 タ P W B

オリジナルメーカー海づり公園

所在地	千葉県市原市五井南海岸1-12
アクセス	市原I.C.から車で15分 五井駅から車で約10分
定休日	月曜日（祝日の場合は翌日） 12月31日～１月３日
料金	要問い合わせ
問い合わせ先	0436-21-0419

※春はメバル、夏はサッパ、秋はサヨリ、冬はアイナメなど。

エ 仕 タ P F W B

東京都立若洲海浜公園　海釣り施設

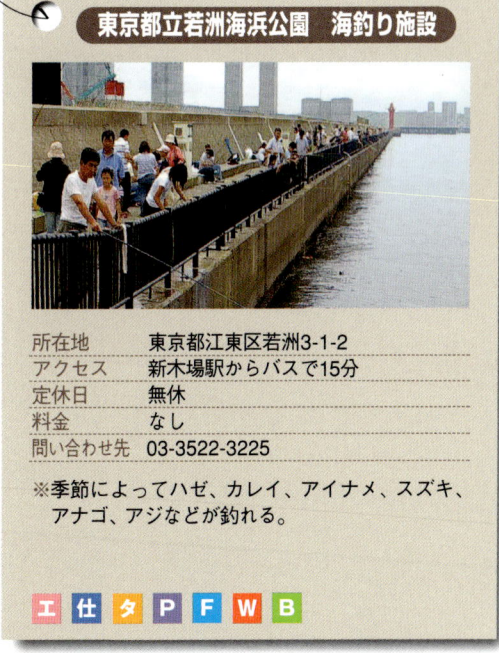

所在地	東京都江東区若洲3-1-2
アクセス	新木場駅からバスで15分
定休日	無休
料金	なし
問い合わせ先	03-3522-3225

※季節によってハゼ、カレイ、アイナメ、スズキ、アナゴ、アジなどが釣れる。

エ 仕 タ P F W B

エ エサの販売をしている　仕 仕掛けの販売をしている　タ タックルのレンタルをしている　P 駐車場がある
F 飲食物の販売をしている　W トイレがある　B バリアフリー対応（詳細は各施設にお問い合わせ下さい）

神戸市立平磯海づり公園

所在地	兵庫県神戸市垂水区平磯 1-1-66
アクセス	若宮I.C.から約10分、名谷I.C.から約12分
定休日	木曜日（祝日は開園）、年末年始 ※8月は無休
料金	基本釣り料（4時間）／大人1000円 小人600円 入園料（見学の人）／大人200円、小人100円
問い合わせ先	078-753-3973

※夏から秋はベラ、アジ、カレイ、イカなどが釣れる。淡路島が真直に見え、ロケーションが最高。

エ 仕 タ P W B

のとじま臨海公園　海づりセンター

所在地	石川県七尾市能登島曲町15部40
アクセス	和倉I.C.から車で約25分
定休日	12月29日～12月31日
料金	入場料／一般(高校生以上)510円 小・中学生300円 ※水族館入場者の入場料は各料金から100円引き
問い合わせ先	0767-84-1271

※沖に向かって延びた桟橋の上で、釣りを楽しむことができる。

エ P F W

舞鶴親海公園

所在地	京都府舞鶴市字千歳地内
アクセス	舞鶴東I.C.から車で約30分
定休日	水曜日・12月29日～1月3日
料金	なし
問い合わせ先	0773-68-1663

※長さ120mの海釣護岸では、サビキでアジやメバル、カタクチイワシ、クロダイが釣れる。投げ釣り禁止。

仕 P F W B

神戸市立須磨海づり公園

所在地	兵庫県神戸市須磨区一ノ谷町5丁目地先
アクセス	若宮I.C.から車で約5分 須磨I.C.から車で約10分
定休日	火曜日（祝日は開園）・1月1日※夏休み期間（7月21日～8月31日）は無休
料金	基本釣り料（4時間）／大人1200円 小人700円 入園料／大人200円、小人100円
問い合わせ先	078-735-2907

※スズキ、マダイ、クロダイからアジ、メバルまで、様々な魚が釣れる。

エ 仕 タ P F W ※現在、臨時休園

エ エサの販売をしている　仕 仕掛けの販売をしている　タ タックルのレンタルをしている　P 駐車場がある

みやざき臨海公園

所在地	宮崎県宮崎市新別府町前浜1400-16
アクセス	宮崎I.C.から約10分、宮崎駅から車で約10分、宮崎空港から車で約15分
定休日	なし
料金	なし
問い合わせ先	0985-62-2665

※足場がよく、安全に釣りを楽しめる。一年を通してキス、ヒラメなどが釣れる。

タ P F W B

下関フィッシングパーク

所在地	山口県下関市吉見古宿町10-1
アクセス	下関ICから車で約30分、吉見駅から徒歩で約15分
定休日	火曜日（祝日の場合は翌日） 年末年始（12月30日～1月1日）
料金	基本釣り料（4時間まで）／大人820円、小・中学生410円 割増釣り料（1時間あたり）／大人200円、小・中学生100円 1日券／大人1230円、小・中学生610円 観覧料／大人200円、小・中学生100円
問い合わせ先	083-286-5210

※山陰の素晴らしい眺めを望みながら釣りを楽しめる。海水浴場も多く、レジャーを楽しめる。

エ 仕 タ P F W B

日明・海峡釣り公園

所在地	福岡県北九州市小倉北区西港町内
アクセス	小倉駅から車で10分
定休日	なし
料金	なし
問い合わせ先	093-591-2557

※豊かな自然に触れながら、四季折々の様々な魚を狙える。駐車場、入場料無料。

エ 仕 P F W B

和歌山北港魚つり公園

所在地	和歌山県和歌山市湊1675-11
アクセス	和歌山I.C.から車で15分
定休日	1月～3月
料金	大人1130円、小人570円
問い合わせ先	073-451-2866 073-451-4148

※夏から秋はサビキで小アジ、イワシが釣れる。足場がよいため家族連れ、女性でも安心。

エ 仕 タ P F W B ※現在、休園中

F 飲食物の販売をしている　W トイレがある　B バリアフリー対応（詳細は各施設にお問い合わせ下さい）

鹿児島市鴨池海づり公園

所在地	鹿児島県鹿児島市与次郎2-9-12
アクセス	鹿児島中央駅から車で15分 鴨池港から徒歩で10分
定休日	なし
料金	基本釣り料（4時間まで）／ 大人600円、小人200円 入園料／大人100円、小人50円
問い合わせ先	099-252-1021

※平坦な砂地に漁礁を設置しているため、一年を通してカサゴ、マダイ、アジがよく釣れる。

エ 仕 タ P F W

他にもこんな海釣り施設が

飛島磯釣り公園

所在地	長崎県長崎市高島町1728-1
アクセス	高島港から高島バスで釣り公園前まで。下車してすぐ
定休日	12月～2月　火曜日（祝日の場合は翌日）、1月1日
料金	基本釣り料／ 大人510円、小・中学生250円 観覧／大人100円、小・中学生50円
問い合わせ先	095-896-4900

※イシダイ、マダイ、クロダイなどさまざまな魚が釣れる。キャンプ場や海水浴場が隣接。

エ 仕 F W

石田フィッシャリーナ

所在地	富山県黒部市浜石田地先
アクセス	黒部I.C.から15分 石田駅から徒歩で15分
定休日	12月30日～1月3日
料金	なし
問い合わせ先	0765-52-5777

※施設内に桟橋が設置されており、クロダイ、シマダイ、キス、小アジなどが釣れる。

エ 仕 タ P F W

エ エサの販売をしている　仕 仕掛けの販売をしている　タ タックルのレンタルをしている　P 駐車場がある
F 飲食物の販売をしている　W トイレがある　B バリアフリー対応（詳細は各施設にお問い合わせ下さい）

利用するときの注意点

お目当てのタックルがレンタル所にない場合もあるので、事前に確認しておきたい。

海釣り施設を利用するとき、守らなければならない基本的なルールがある。まず、どの施設でも共通しているのが、ライフジャケットの着用である。レンタルで借りることもできるので、必ず着用しよう。また、投げ釣りやルアーフィッシングなどは、周囲に危険を及ぼすことがあるので禁止されている場合が多い。加えて、より多くの釣り人が楽しめるように、竿の本数が制限されていることもある。

釣りビギナーQ&A

釣りをはじめたら、様々な疑問が頭に浮かぶはず。ここでは役立つ釣り知識を紹介する。

Q1 釣りビギナーにオススメの釣り方は？

A 「ウキ釣り」と「サビキ釣り」が簡単

「ウキ釣り」と「サビキ釣り」のメリット

ウキ釣り

魚のアタリが目で見えるのでわかりやすい。また、仕掛けの作り方が簡単なのも魅力のひとつだ。

サビキ釣り

エサ付けの必要がなく、仕掛けを足元に落とすだけなので、誰でも簡単に楽しむことができる。

サビキ釣り

- アジ
- イワシ
- カマス
- サッパ
- コノシロ
- サバ
- メジナ
- メバル

ウキ釣り

- メバル
- アジ
- メジナ
- サバ
- ハゼ
- ウミタナゴ
- サヨリ

こんな魚たちが釣れる

ウキ釣りは小物がメインターゲット。しかし、体長20cmほどのアジやメジナなら、強烈な引きを楽しめる。サビキ釣りは群れで回遊する魚たちがターゲット。そのため、ハマったら爆釣の可能性も。

SPECIAL ADVICE

こんなときには メーカーに修理に出そう

折れた場所が、ガイドの2番目と3番目の間だった場合は無理に修理しようとはせず、メーカーに修理を頼むようにしよう。

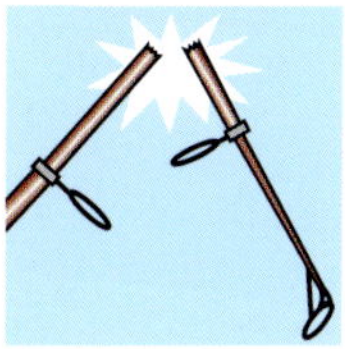

Q2 竿の先が折れてしまった！

A 瞬間接着剤とライターで修復ができる

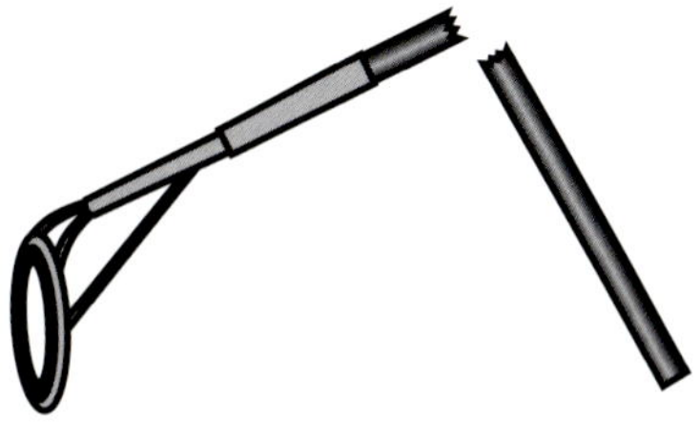

1 穂先が折れた状態

竿を急激に立てたり、ラインがトップガイドにからんだままリールを巻くと折れやすい。

2 折れたガイドを火であぶる

プライヤーでガイドをつかんだまま、パイプ部分をライターであぶる。ヤケドに注意。

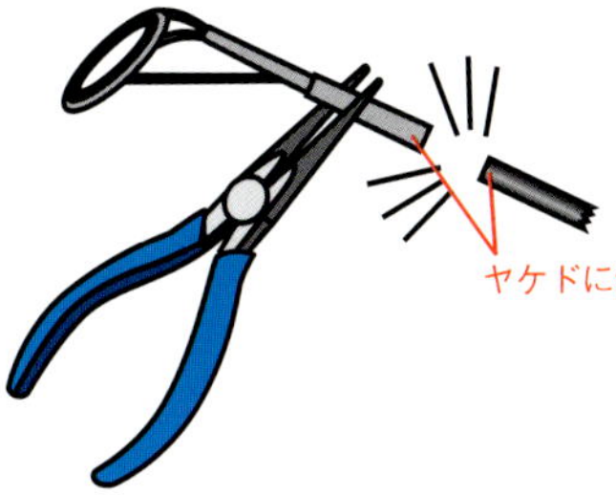

3 折れた部分を抜く

熱いうちに折れた部分を引き抜く。折れた部分を持つときも必ずプライヤーを使う。

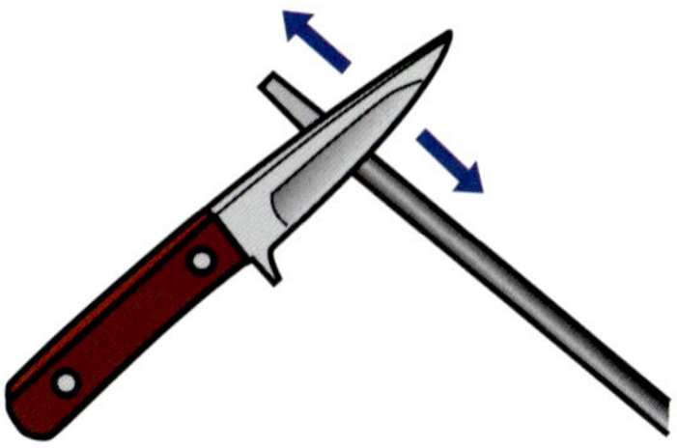

4 抜いた穂先を削る

穂先の先端にナイフの刃先を立てて削る。表面の塗膜を少し取り去る程度が目安。

5 瞬間接着剤をたらす

4で削った場所に、瞬間接着剤を一滴たらす。

6 ガイドを差し込む

瞬間接着剤が乾く前に、ガイドをしっかり差し込めば穂先の修復の完成。

Q3 釣り道具のメンテナンスは必要？

A 定期的なメンテナンスは道具の精度をキープする

リールのメンテナンス

濡れ雑巾で塩分を拭き取り、乾いた雑巾で水分を取る。ウォッシャブルタイプなら水洗いも可能。

メンテナンスしないと…
スムーズに回転しなくなり、魚を上げるときにラインが切れることも。

ルアーのメンテナンス

水で洗い、乾いた雑巾で水分を取る。ケースには仕切りをつけて、他のルアーと触れないようにする。

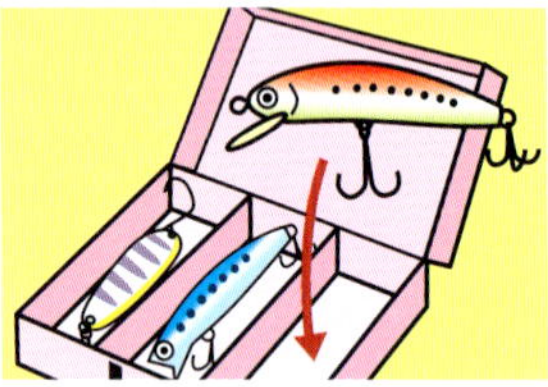

メンテナンスしないと…
針がサビてしまうので、家では乾くまでルアーをケースから出しておく。

竿のメンテナンス

竿に水をかけながらブラッシングして塩分を取る。その後、乾いた雑巾で拭いて陰干しする。ガイドやインナーロッドの内側には、フッ素コート剤をスプレーする。

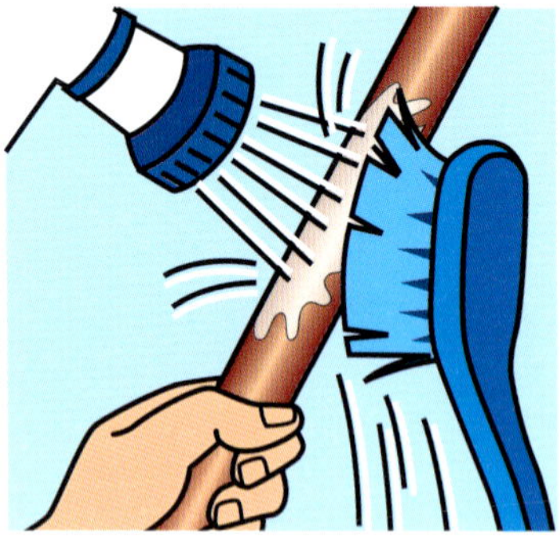

メンテナンスしないと…
竿のスライド部分が固着してしまって、伸び縮みがスムーズでなくなってしまう。また、ガイドがサビつくこともあり、外れてしまう可能性がある。

Q4 キレイにリールにラインを巻くコツは？

A スプールとボビンを同じ向きにする

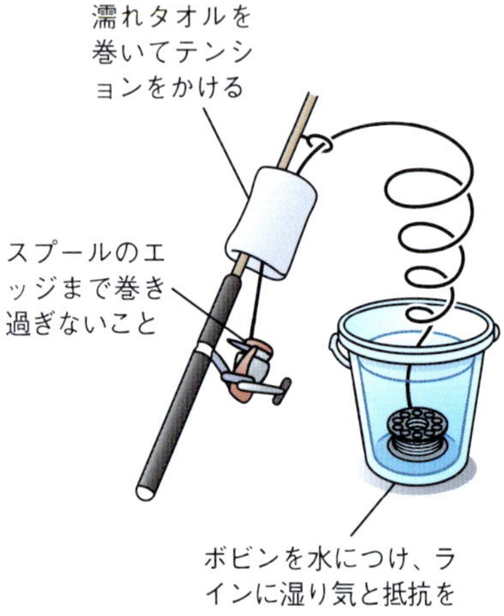

ポイントはラインをヨレさせないこと

リールにラインを巻くとき、スプールとボビンは同じ向きに。これがラインをヨレさせないためのポイント。

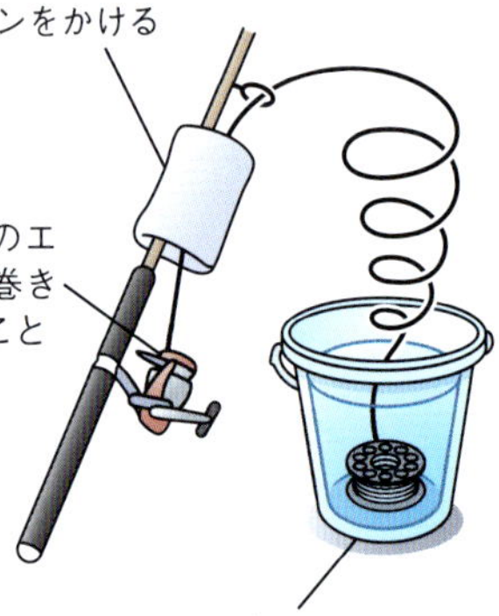
濡れタオルを巻いてテンションをかける
スプールのエッジまで巻き過ぎないこと
ボビンを水につけ、ラインに湿り気と抵抗を

Q5 どうやって釣り情報を手に入れる？

A 現地の釣具屋に電話しよう

信頼できる情報を得よう

インターネットは便利だが信頼性に乏しい。その点、現地の釣具屋なら情報も新鮮で確実だ。

情報の聞き出し方

①釣れているポイントはどこか
②オススメのタックルは何か
③釣れる時間帯はいつか
④何が最も釣れているか
⑤オススメの仕掛けは何か
⑥オススメのエサやコマセは何か
※夜遅くの電話は当然控えること

Q6 天気が悪くても魚は釣れる？

A 曇りや雨の日は爆釣の可能性あり

とにかく粘りが大事

悪天候だと魚は気圧の低下で活性が下がる。ただ、順応すれば荒食いをするため、粘りが大切に。

気圧に順応すると
荒食いをはじめる

爆釣にはこんな理由も

雨の日は釣り人の数が少ないため、いいポイントに入りやすい。また、日中でも薄暗い状態が続き、ある意味まづめ状態といえるのだ。

Q7 オキアミの生とボイルはどっちがオススメ？

A 新鮮な生の方が魚は掛かりやすい

おいしそうに見えるのは「生」

人間と同じで、魚にとっても新鮮なエサの方がおいしそうに見える。

ボイル

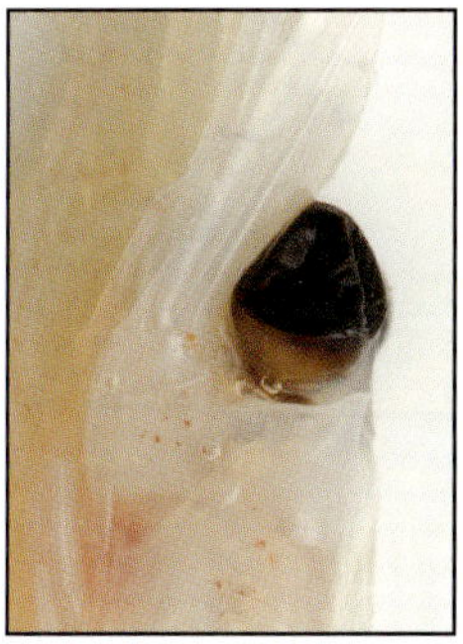

ボイルのオキアミは目がくぼんでいてシワも目立ち、新鮮さに欠ける。

生

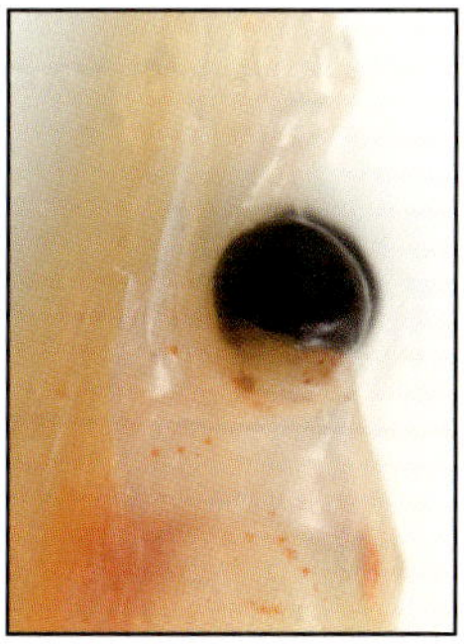

生のオキアミは目が滑らかでツヤがあり、新鮮であることがわかる。

釣り用語事典

ア

アタリ　魚がエサに食いついたときに、竿先、ライン、ウキなどに見える変化を指す。魚信《ぎょしん》と呼ぶこともある。

アミツケ　ラインをハリスやサルカンなどに結んだとき、余ったラインを使って本線を編み込んで補強すること。

アワセ　アタリが来た瞬間、竿を立てたり、リールを巻くなどして魚をハリ掛かりさせること。これが強すぎるとラインが切れてしまい、甘いと魚がハリから外れてしまう。

イ

活き締め　釣った魚の急所をナイフで刺してとどめをさすこと。このひと手間で、魚の鮮度を保つことができる。

板オモリ　板状のオモリ。適当な大きさにカットして使用する。

糸フケ　ラインがゆるんだ状態をいう。仕掛けが風や潮に流されたり、オモリが着底したときに糸フケが出やすい。

ウ

ウキ　ウキは円錐ウキ、立ちウキ、玉ウキ、シモリウキ、電気ウキなど、様々な種類がある。役割はアタリを見分けやすくする、エサを流しやすくする、一定のタナを探れるようにする、仕掛けを投げやすくするなどがある。

ウキゴム　ミチイトにウキをセットするためのゴム管。

ウキ下　ウキからエサまでの長さを指す。ウキ下は魚がいると思われるタナに設定する。アタリがない場合は、ウキ下を細めに調整しながら魚のいるタナを探るとよい。

エ

エギング　造語。餌木（エギ）を使ってイカ（特にアオリイカ）を釣ることを指す。

枝バリ　幹イトから出ているハリを指す。

枝ハリス　幹イトに枝のように付けるハリスのこと。枝スと呼ぶこともある。

エラ洗い　ハリ掛かりした魚が、飛び跳ねて首を左右に振ってハリを外そうとすること。スズキのエラ洗いはよく知られている。

オ

大潮　満月と新月のときに起こり、干満の差が最も大きくなる潮まわりを指す。

オマツリ　自分の仕掛けが、他人の仕掛けとからまってしまうことを指す。

オモリ　ウキの浮力を調節したり、仕掛けを沈めるために使用する。釣り方に合わせて形状、重さを選択するとよい。

カ

ガイド　ミチイトを通すための環状のパーツを指す。投げ竿やルアーロッドなどに付いている。

カケアガリ　海底の斜面を指す。魚のエサがたまりやすいため、様々な魚が集まる最も基本的なポイントといえる。

活性　魚の状態を表わすときに使う言葉。魚がエサを食べているときは活性が高く、エサを食わないときは活性が低いという。

ガン玉　割れ目のある球状の小型オモリ。6B～B、1～8号の順番で小さくなる。

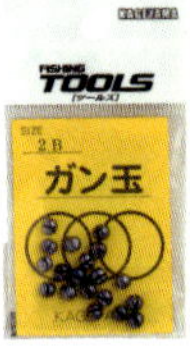

キ

擬《ぎ》餌《じ》バリ　エサに似せて作られた釣バリの総称を指す。ルアーやサビキ、エギ、バケなど、様々な種類がある。

ことを指す。

漁礁《ぎょしょう》　ブロックや廃船などを海底に沈めて、人工的に魚を集めた場所を指す。

ク

クラッチ　リールのパーツ。リールを逆回転できるようにするためのノブを指す。

ケ

渓流竿　本来は渓流の魚を釣るためにある竿。しかし、調子や長さの種類が多いため、堤防釣りでもよく使われている。

消し込み　魚がエサをくわえたことによって、ウキが水中に引かれること。

ケミホタル　ウキや仕掛けに付ける化学発光体。夜釣りには必須のアイテム。

コ

小潮　干満による潮位差が小さい潮を指す。

コマセ　魚を引き寄せるためのまきエサを指す。アミエビ、オキアミ、配合エサ、イワシミンチなどを使用する。

五目釣り　特定のターゲットを決めずに、何種類もの魚を狙うこと。五目釣りができるのは、堤防釣りの魅力のひとつであり、ビギナーにオススメしたい釣り方である。

サ

竿尻《さおじり》　竿の末端部分（グリップがあるあたりを指す）。

先イト　ショックリーダーとも呼び、メインラインに結ぶラインのこと。

誘い　仕掛けやエサをゆっくりと動かし、魚の食い気をあおるテクニック。

サビキ　魚皮やスキン、フラッシャーなどで作られた擬餌バリを指す。サビキを連ねた仕掛けは「サビキ仕掛け」と呼ぶ。

サルカン　ヨリモドシなど、接続具の総称を指す。スイベルと呼ぶこともある。

シ

時合い　流れの具合や天候の変化などによって、魚の活性が最も上がる時間帯。または、それらの理由によって、ターゲットがポイントに集まってきた状態。

潮止まり　満潮時や干潮時の前後に、潮の動きが止まってしまうこと。このとき、魚によっては食いが悪くなることがある。

潮目　潮の流れがぶつかるところ。魚が集まりやすく、絶好のポイントといえる。

ジグヘッド　ソフトルアーをセットするための、フック付きのオモリのこと。

シモリウキ　シモリ仕掛けに使用する中通しの小粒ウキを指す。

ショックリーダー　ルアーフィッシングのとき、メインラインに結ぶ先イトのこと。アワセを入れたときに、ショックを吸収するとともに、チカライトの役割も果たしている。また、使用するときは、メインラインの2～4倍の強度のものを選ぶとよい。

ス

捨て石　堤防を作るとき、土台として海中に沈められた基礎石。堤防直下から数10ｍ沖にかけて沈められていることが多い。メバルやカサゴなど、根魚のポイントとなる。

スナップサルカン　サルカンにスナップを取り付けたもの。これをラインに結んでおくと、オモリやルアーなどを簡単に交換することができる。

スピニングリール　シンプルで扱いやすく、最もポピュラーなリールといえる。下側に向けたリールシートにセットする。

スプール　リールのラインを巻くパーツを指す。

スレバリ　グレ釣りなどに使われるハリのこと。他の釣りバリと大きく違うのはカエシがないことで、カエシのないハリよりもハリ掛かりがよくなる。

ソ

袖バリ　小物釣りでは最も多く使用される釣りバリ。フトコロの形が着物の袖に似ているため、こう呼ばれるようになった。ハリス付きが市販されていて便利。

ソフトルアー やわらかい素材でできているルアーの総称を指す。ワームやグラブ、チューブなどの種類がある。

タ

ターゲット 狙う魚、または狙える魚を指す。

タックル 釣りをするために必要となる道具。具体的には竿、リール、エサ箱、玉網、クーラーボックスなどを指す。

タナ ターゲットがいる泳層（水深）を指す。様々な条件によって刻一刻と変化する。

玉ウキ 球状のウキを指す。海面との接触抵抗が少なく、見た目よりも感度がよいのが特長。脚付きのものや、中通しのものなどがある。

玉網《たも》 魚を取り込むための網。

タラシ 2通りの意味で使われ、ひとつ目はエサをハリ掛けしたとき、ハリのフトコロから下に垂れ下がった部分。ターゲットや状況によって長さを調節する。2つ目は仕掛けを投げるときの、竿先から仕掛けまでの距離を指す。

チ

チカライト 細いミチイトで重いオモリを投げるとき、ライン切れを防ぐためにミチイト先端に結ぶ太いラインのこと。

チョイ投げ 軽めのオモリと仕掛けを軽くキャスティングして、海底を探りながら釣ること。堤防から30m以内の至近距離を狙う。

釣果 釣りの結果のこと。

チョン掛け エサやワームの一部にのみハリを通すことを指す。エサやワームの動きを損なわないという特長がある。

ツ

継ぎ竿 継ぎ合わせ式の竿を指す。継ぎ口の形状には、印籠継ぎや並継ぎなどの種類がある。

釣り座 釣りをするための場所のこと。堤防でも船でも、自分の釣り座を整えておくとトラブルを防ぐことができる。

テ

テーパーライン イトの両端の太さが異なっているものを指す。投げ釣りに使用するチカライトはこの形状になっている。

テンション ラインの張り具合、または張っている状態を指す。魚が掛かったら、ラインに常にテンションをかけておかないとバレやすくなってしまう。

テンビン 仕掛けを投げるときや、水中でのラインのからみを防ぐためにセットする金属製の連結具を指す。投げ釣りではオモリ付きのテンビンを使う。

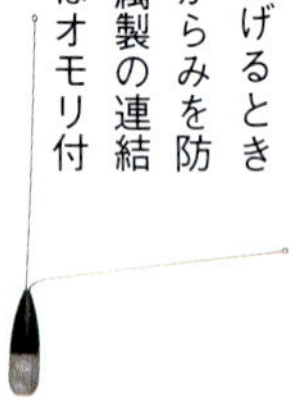

ト

ドラグノブ リールのパーツ。スプールの滑り具合を調節するためのつまみ。

ナ

ナイロンライン ジャンルを問わず、最も使用されているナイロン製のラインのこと。水分を吸収すると多少強度は落ちるが、柔軟性に優れ、ライントラブルも少ない。

中潮 干満の差が中程度の潮まわりのこと。

投げ竿 仕掛けを遠投するときに使用する竿。キャスティングのときのライン抵抗を減らすために、口径の大きいガイドが少なめに取り付けられている。

ネ

根掛かり 仕掛けが水中の障害物に引っ掛かってしまうこと。

根魚 カサゴ、メバル、アイナメなど、岩礁帯《がんしょうたい》に棲息している魚の総称を指す。

根まわり 海底の障害物や水草などを指し、魚が集まりやすいポイントのこと。

ノ

ノベ竿 一般にはガイドの付いていない振り出し式の竿のことを指す。本来は全体が一本でできている竿を指す。

ハ

バイブレーションプラグ ルアーの一種。ボディに水を受けて振動しながら海中を泳ぐ。

バラす ハリ掛かりした魚に逃げられること。

ハリス ハリが結ばれた状態のイトを指す。材質はミチイトと同じだが、根ズレや縮れに耐久性のある加工がされている。

ハンドル リールのパーツで、ハンドルをまわすことでラインが巻かれる。

ヒ

PEライン　高密度ポリエチレンなどを編み合わせたライン。他のラインに比べて伸びが極端に少なく高感度のため、魚のアタリのみならず、海底の様子も鮮明に知ることができる。

フ

船道　漁港の出入口など、船の通り路を指す。潮通しがよく水深もあるため、船道の斜面（カケアガリ）などは絶好のポイント。

ブラクリ　探り釣りに使用されるオモリ付きのハリ。

フロロカーボンライン　フッ素と炭素を材料にしたラインを指す。比重がナイロンよりも大きく、張りがあり、伸びが少ないことが特徴。

ヘ

ベイルアーム　リールのパーツで、ラインローラーの先から半円状に伸びる金属環。仕掛けを投入するときは、ベイルアームを起こしてミチイトをフリーの状態にする。

ヘラウキ　主に孔雀の羽根を素材としている高感度なウキのこと。海釣りでもアジ釣りなどで使われる。

ホ

ポイント　釣り場の中で特に魚が集まっていそうな場所を指す。

穂先　竿の先端部分を指す。

マ

まずめ　日の出、日の入りあたりの薄暗い時間帯を指す。一般的に魚の活性が高くなるといわれ、魚を狙いやすくなる。

丸セイゴ　吸い込みのよさとバレにくさが特長のハリ。主に投げ釣りで使用される。

ミ

幹イト　サビキ釣りの仕掛けなどで、枝ハリスを付けるための幹となるイトを指す。

ミチイト　ノベ竿の先端からハリスを結ぶまでのラインを指す。または、リールのスプールに巻かれたラインを指す。

ミノー　2通りの意味で使われ、ひとつ目は魚がエサにする小魚類の総称。2つ目は小魚に似せた細長いルアーを指す。

メ

メタルジグ　金属でできたルアーを指す。表層から海底まで全てのタナを狙える。ビギナーにも使いやすいルアー。

ラ

ライトジギング　ルアーフィッシングの一種。メタルジグという金属のルアーを使い、比較的水深の浅い海域を狙う船釣りのこと。

ライトタックル　やわらかめの竿と小型で軽量タイプのリール、細いラインを組み合わせたもののこと。ビギナーの場合は、船釣りはハードルが高いものである。ただ、ライトタックルの船釣りであるならば、手軽に楽しむことができる。

ライン　釣りイト、主にミチイト、ハリス、リーダーなどを指す。

ラインアイ　ルアー先端のラインを結ぶ部分を指す。

リ

リーダー　メインラインの先端に取り付ける太めのラインを指す。魚の引きをやわらげる、あるいは根ズレを起こさないために使用する。通常の場合であれば、メインラインに対して2〜4倍の強度を持っているラインをリーダーとしている。

リール　ラインを自由に出し入れし、狙ったポイントに仕掛けを送り込むタックル。竿にセットして使う。スピニングリール、両軸リールなど、様々な種類がある。

リールシート　竿にリールを装着するためのパーツ。リング式、ネジ式、ロック式など、様々な種類がある。

両軸リール　ルアー用の竿やヘチ竿などに組み合わせるリールのこと。上側に向けたリールシートにセットする。

リリアン　ミチイトをセットするために竿の穂先に取り付けられたパーツを指す。ウキ釣りなどで使用するノベ竿は、このリリアンにミチイトを結んで使用する。

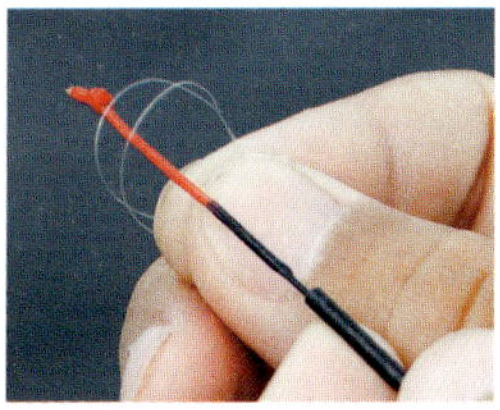

監修　西野弘章

編集協力　スタジオダンク
イラスト　今田貴之進　川上潤　川島文子　溝江彩
執筆協力　大山俊治
撮影協力　フィッシングジャンボ 上州屋渋谷店
東京都渋谷区桜丘町1-7 ビレッジ101ビル
株式会社ヤマリア
神奈川県横浜市南区中里１-13-17
忠彦丸
神奈川県横浜市金沢区海の公園９番地 金沢漁港内
こなや丸
千葉県袖ヶ浦市長浦１-１-111
Madu青山店
東京都港区南青山5-8-1 セーヌアキラ1F

いますぐ使える 海釣り完全マニュアル

2009年3月29日　初版発行
2021年8月30日　９版発行

監修　西野弘章
発行者　鈴木伸也
発行　株式会社 大泉書店
住所　〒105-0004
東京都港区新橋5-27-1
新橋パークプレイス2F
電話　03-5577-4290
FAX　03-5577-4296
振替　00140-7-1742
印刷　半七写真印刷工業株式会社
製本　株式会社明光社

URL　http://www.oizumishoten.co.jp/
ISBN　978-4-278-04781-3　C0075

落丁、乱丁本は小社にてお取替えいたします。
本書の内容についてのご質問は、ハガキまたはFAXにてお願いいたします。